TRUE FICTIONS

FOTOGRAFIA VISIONARIA DAGLI ANNI SETTANTA A OGGI

VISIONARY PHOTOGRAPHY FROM THE 1970s UNTIL TODAY

a cura di / edited by
Walter Guadagnini

SilvanaEditoriale

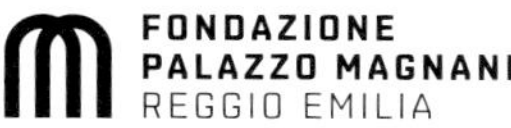

Fondatore Originario Istituzionale
Original Institutional Founder

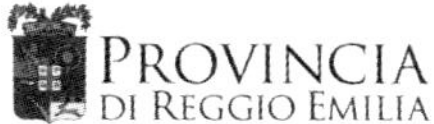

Co-Fondatore Istituzionale
Institutional Co-Founder

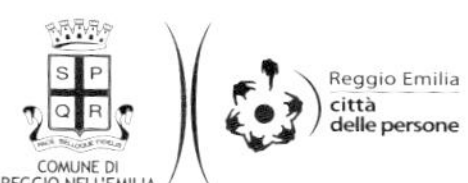

Partecipanti Istituzionali
Institutional Participants

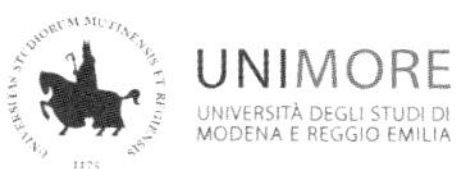

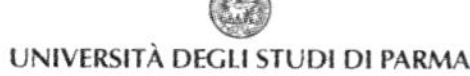

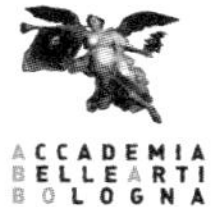

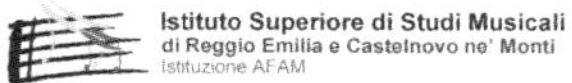

Fondatori Aderenti
Participating Founders

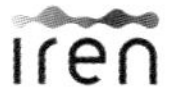

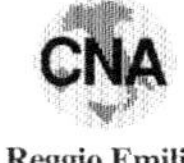

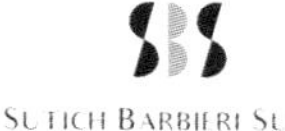

Consiglio di Amministrazione
Board of Directors
Gianpiero Grotti,
Presidente / President
Silvia Piccinini
Lorenzo Garavaldi
Massimiliano Panarari
Andrea Serri

Comitato Scientifico
Scientific Committee
James Bradburne
Vanni Codeluppi
Mariana Dacci
Marzia Faietti
Walter Guadagnini
Gerhard Wolf

Direzione e coordinamento
Director and Coordinator
Davide Zanichelli

Fondazione Palazzo Magnani - Staff

Amministrazione / Administration
Marika Corsi
Annachiara Rea

Progetti espositivi / Exhibitions
Mattia Anceschi
Matilde Barbieri
Silvia Cavalchi

Eventi e progetti speciali
Events and Special Projects
Valeria Rinaldini

Didattica e formazione
Educational
Rosa Di Lecce
Ilaria Gentilini

Comunicazione e relazioni esterne
Communication and Public Relations
Alessia Benevelli

Ufficio stampa e promozione
Press Office and Promotion
Stefania Palazzo

Audience Development e/and Social Media
Elvira Ponzo

Progettazione allestimenti
Exhibitions' Design
Francesca Tagliavini

Graphic Designer
Giacomo Zibellini

TRUE FICTIONS

FOTOGRAFIA VISIONARIA DAGLI ANNI SETTANTA A OGGI

VISIONARY PHOTOGRAPHY FROM THE 1970s UNTIL TODAY

Reggio Emilia, Palazzo Magnani
17 ottobre / October 2020 - 10 gennaio / January 2021

Una produzione / A production

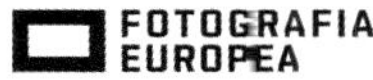

Mostra promossa da
Exhibition promoted by

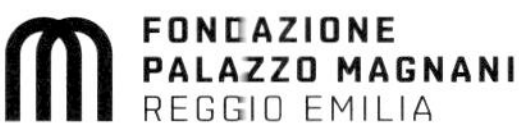

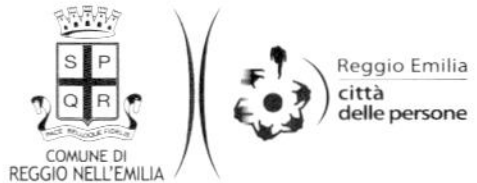

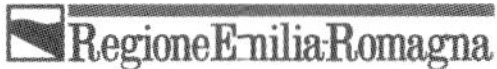

nell'ambito di / as part of

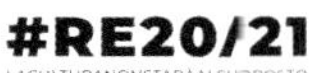

in collaborazione con
in collaboration with

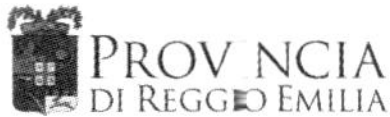

con il contributo di
with the contribution of

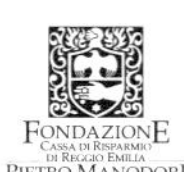

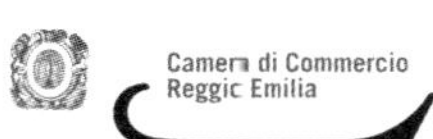

Special Sponsor

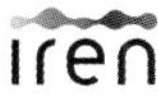

Main Sponsors

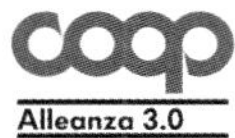

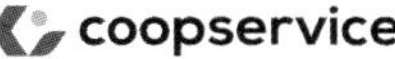

Sponsor

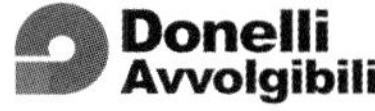

Sponsor Tecnici
Technical Sponsors

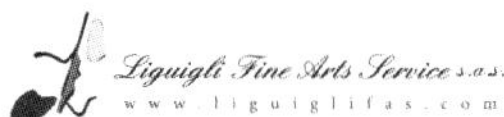

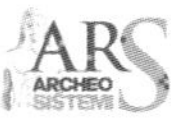

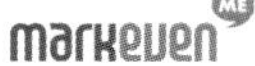

Amici di Palazzo Magnani
Membership program

Christian Andreoli,
Daniele Bertani, Marco Bertani,
Ilaria Bertoletti, Marina Boni,
Maurizio Bonnici, Nadia Campani,
Alessandra Carrara,
Florinda Castagnetti,
Luciano Cucchi, Lidia Giliòli,
Renato Iori, Ilaria Lo Curto
Leonardi, Daniele Mastrotto,
Giulio Montecchi, Ivano Motti,
Maria Paglia, Silvia Palladini,
Chiara Pedrazzoli,
Giacomo Piancazzo,
Alex Piermattei,
Daniela Reverberi,
Maurizio Rozzi, Diana Salvo,
Maria Scolari, Angela Seletti,
Prospero Amato Stefanelli,
Enrico Zini,
Famiglia Bartoli,
Famiglia Castellari,
Famiglia Ferretti,
Famiglia Teggi e Famiglia Tosi

Company & co.

BPER Banca S.p.A.
Crisden S.r.l.
Italia Nostra
Rotary Club Reggio Emilia
Rotary Terre di Canossa

Mostra e catalogo a cura di
Exhibition and catalogue curated by
Walter Guadagnini

Fotografi in catalogo
Photographers in the catalogue
Emily Allchurch
Chan-Hyo Bae
James Casebere
Bruce Charlesworth
Eileen Cowin
Thomas Demand
Bernard Faucon
Joan Fontcuberta
Julia Fullerton-Batten
Teun Hocks
Alison Jackson
Yeondoo Jung
David LaChapelle
David Levinthal
Hiroyuki Masuyama
Nic Nicosia
Lori Nix
Erwin Olaf
Luigi Ontani
Jiang Pengyi
Andres Serrano
Cindy Sherman
Laurie Simmons
Sandy Skoglund
Hannah Starkey
Hiroshi Sugimoto
Paolo Ventura
Jeff Wall
Gillian Wearing
Miwa Yanagi

Responsabile mostra
Exhibition Manager
Matilde Barbieri

Amministrazione / Administration
Annachiara Rea
Marika Corsi

Organizzazione / Organisation
Mattia Anceschi
Matilde Barbieri

Assicurazione / Insurance
Adriateca & Partners S.r.l.
Great Lakes Insurance SE
Willis Towers Watson

Trasporto / Transport
Liguigli Fine Art Service, Milano
Arterri, Argentona

Progettazione allestimento
Exhibition Design
Francesca Tagliavini

Allestimento / Set-up
AR/S Archeosistemi

Illuminazione / Lighting
Ferrari Giovanni-Impianti elettrici

Progettazione grafica
Graphic Design
Giacomo Zibellini

Grafica di mostra
Exhibition Design
Madioprint

Cornici / Frames
Laboratorio Artè

Ufficio stampa / Press Office
Stefania Palazzo
Elvira Ponzo
Lara Facco P&C, Milano

Comunicazione e Social Media
Communication and Social Media
Alessia Benevelli
Elvira Ponzo

Coordinamento redazionale catalogo / Catalogue Editorial Coordinator
Silvia Cavalchi

Organizzazione eventi
Event Organisation
Valeria Rinaldini

Didattica e formazione
Educational and Training
Rosa Di Lecce
Ilaria Gentilini

Apparati didattici per bisogni speciali / Educational tools for special needs
GIS Genitori per l'inclusione sociale
VR33 coop Coress

Progetti didattici e formazione
Educational and training projects
Fondazione Palazzo Magnani
in collaborazione con / in collaboration with
Officina Educativa, Comune di Reggio Emilia
Reggio Città senza barriere

Progetti di accessibilità
Accessibility Projects
Fondazione Palazzo Magnani
in collaborazione con / in collaboration with
A.S.P. Reggio Emilia
Farmacie Comunali Riunite
Reggio Città senza barriere

Servizi di mostra
Exhibition Services
Società Cooperativa Culture

Biglietteria e bookshop
Ticket Office and Bookshop
Elvira Ponzo

Servizi di biglietteria
Ticketing Agencies
Vivaticket
Musement

Coordinamento volontari
Volunteer Coordinator
Mattia Anceschi

Stage / Internship
Laura Ligabue

Un ringraziamento ai volontari
Thanks to volunteers
Anita Ardiani, Giancarla Beltrami, Graziella Bonacini, Mariella Cagozzi, Sonia Cantagalli, Antonio Casacca, Romano Catellani, Mario Frailich, Marisa Incerti Capretti, Noemi Fly Iorio, Arianna Marchese, Sergio Marmiroli, Daniela Reverberi, Roberta Sassi, Anne Schicchi, Francesca Vezzosi, Ilaria Zannoni Montanari

Prestatori / Lenders
Collezione Ettore Molinario, Milano
Collezione Cesareo, Brescia
Collezione Molgora, Brescia
Fondazione Modena Arti Visive, Modena
Fondazione Sandretto Re Rebaudengo, Torino
Galleria Lorcan O'Neill, Roma
MC2 GALLERY, Montenegro
Museo di Arte contemporanea di Trento e Rovereto, Rovereto
Paci Contemporary Gallery, Brescia e Porto Cervo
Pierluigi e Natalina Remotti, Genova
Studio Guenzani, Milano
Studio La Città, Verona
Unicredit, Milano

Il curatore e gli organizzatori desiderano ringraziare in modo particolare per la loro generosità e grande disponibilità / The curator and the organisers would like to thank the following people for their generosity and kind collaboration
Claudio Composti, Milano
Francesca Lavazza, Torino
Ettore Molinario, Milano
Giampaolo Paci, Brescia
Patrizia Re Rebaudengo Sandretto, Torino
Lorenzo Respi, Modena

Un sentito ringraziamento a
A heartfelt thanks to
Alessandra Cappellin, Milano
Hélène De Franchis, Verona
Claudio Guenzani, Milano
Barbara Modugno, Milano

Grazie a tutti gli artisti che hanno accolto con grande disponibilità il nostro invito e in particolare a
Thanks to all the artists who kindly accepted our invitation, and in particular to
Bruce Charlesworth, Minneapolis
Eileen Cowin, Los Angeles
Joan Fontcuberta, Barcellona
Alison Jackson, Londra
David Levinthal, New York
Nic Nicosia, Dallas
Paolo Ventura, Milano

Un sentito ringraziamento a
Special thanks to
Milena Bertola, Clarenza Catullo, Krista Chalkley, Erin Culey, Pierdomenico Dallera, Chiara Dall'Olio, Magda Dionigi, Camilla Donghi, Aleksandra Dragutinovic, Annalisa Ferrari, Daniela Ferrari, Chiara Fossati, Elena Francalanci, Flaminio Gualdoni, Erin Hudak, Alice Mearini, Valentina Negri, Ryan Oskin, Antonella Pagliarulo, Roberta Russo, Giovanni e Fabrizia Sada, Paolo Franco Soprani, Gregg Stanger, Mar Taller

Un grazie infine a tutti i prestatori che hanno preferito mantenere l'anonimato
Finally, we would like to thank all the lenders who wish to remain anonymous

True Fictions *è una mostra particolarmente importante per la Fondazione Palazzo Magnani.*
Innanzitutto perché segna il ritorno all'attività espositiva dopo mesi di forzata sospensione a causa della pandemia. Pur nei limiti previsti dai protocolli sanitari, possiamo finalmente riaprire le stanze del Palazzo al nostro pubblico.
Questa mostra ci consente, inoltre, di riallacciare un filo interrotto la primavera scorsa con l'annullamento della XV edizione di Fotografia Europea. "Fantasie", il tema scelto per quella edizione, trova in questo ambizioso progetto una rappresentazione intensa e ricca di protagonisti, indagando, per la prima volta in Italia, il fenomeno della cosiddetta 'staged photography'.
Le opere, tra cui quelle di Jeff Wall, Cindy Sherman, James Casebere, Sandy Skoglund, Laurie Simmons, David LaChapelle, Bernard Faucon, Eileen Cowin, Bruce Charlesworth, David Levinthal, Paolo Ventura, Lori Nix, Miwa Yanagi, Alison Jackson, Julia Fullerton-Batten, Yeondoo Jung, Jiang Pengyi, raccontano di come, tra la fine degli anni settanta e primi anni ottanta, alcuni autori abbiano inteso mettere in scena una vera e propria realtà parallela, spesso indistinguibile da quella ripresa dalla fotografia tradizionale, mescolando performance e modellazione plastica, fino ai virtuosismi digitali consentiti da un sempre più ampio utilizzo dei software di fotoritocco e postproduzione, in commercio dai primi anni novanta.
Molteplici, infine, sono le opportunità che la mostra saprà generare nel complesso sistema culturale che la Fondazione ha costruito negli ultimi anni. I temi della verità e della verosimiglianza, dell'illusione e della fantasia, dell'autenticità e dell'artificio, della fabula e del mistero che ricorrono nelle opere esposte saranno spunto per un lavoro corale di estensione e approfondimento nelle diverse direzioni da cui provengono e verso cui si dirigono i nostri pubblici: dall'appassionato d'arte al professionista del settore, dalle scuole alle famiglie, fino a tutto quell'ampio circuito di amanti della fotografia che così tanto caratterizza Reggio Emilia.
Dandovi dunque appuntamento alla prossima primavera in cui auspichiamo che Fotografia Europea possa tornare alla consueta dimensione della festa, vi auguriamo di poter godere al meglio di questa incredibile raccolta di immagini visionarie.

Gianpiero Grotti
Presidente Fondazione Palazzo Magnani

True Fictions *is a particularly important exhibition for the Palazzo Magnani Foundation.*

First and foremost, because it marks the return to exhibition activity after months of forced suspension due to the pandemic.

Now finally, within the limits set by the health protocols, we can reopen the rooms of Palazzo Magnani to our public.

This exhibition also allows us to reconnect to a thread that was interrupted last spring, when the 15th edition of Fotografia Europea was cancelled. "Fantasie", the theme chosen for that edition, is reflected amply in this ambitious project, with its intense and rich representation of protagonists, investigating, for the first time in Italy, the phenomenon of so-called "staged photography".

The works by Jeff Wall, Cindy Sherman, James Casebere, Sandy Skoglund, Laurie Simmons, David LaChapelle, Bernard Faucon, Eileen Cowin, Bruce Charlesworth, David Levinthal, Paolo Ventura, Lori Nix, Miwa Yanagi, Alison Jackson, Julia Fullerton Batten, Yeondoo Jung and Jiang Pengyi, among others, tell us how, in the late 1970s and early '80s, a group of authors set out to create parallel realities, often indistinguishable from those expressed through traditional photography. They mixed in performance and plastic modelling, and later the digital virtuosity offered by an ever wider use of photo editing and post-production software, on the market since the early 1990s.

Finally, this exhibition will be able to generate many opportunities in the complex cultural system that the Foundation has built up in recent years.

The themes of truth and verisimilitude, illusion and fantasy, authenticity and artifice, fable and mystery that recur in the works on display will spark a choral work of extension and deepening in the different fields from which our audiences come and go: from art lovers to sector professionals, from schools to families, and including the whole wide circuit of photography lovers that so strongly characterises Reggio Emilia.

So, as we leave you with a rendez-vous for next spring, when we hope that Fotografia Europea can return to its usual celebratory dimension, we hope you will savour the marvels of this incredible collection of visionary images.

Gianpiero Grotti
President of Fondazione Palazzo Magnani

SOMMARIO
CONTENTS

TRUE FICTIONS
Walter Guadagnini

Cronologia 1 – Le mostre

È il 1977 quando all'Artists Space di New York si inaugura la mostra *Pictures*, curata da Douglas Crimp, che presenta il lavoro di Troy Brauntuch, Jack Goldstein, Sherrie Levine, Robert Longo e Philip Smith. Due anni dopo, al San Francisco MoMA è aperta *Fabricated to be Photographed*, curata da Van Deren Coke, fotografo e critico, con la partecipazione di 10 artisti, tra cui spiccano i nomi di Ellen Brooks, James Casebere, Robert Cumming, Leslie Krims, John Pfahl e Donald Rodan. Pochi mesi e, all'inizio del 1980, l'UCSB Museum of Art di Santa Barbara in California propone *Invented Images*, 20 autori tra cui Bernard Faucon, David Haxton, Ken Josephson, Lucas Samaras, Laurie Simmons, Boyd Webb e William Wegman; sempre in California, all'Irvine Gallery dell'Università dello stato americano si tiene negli stessi mesi *Situational Imagery*, mentre alla Texas Gallery di Houston Marvin Heiferman cura *Ten Photographers*, nella quale espongono ancora Faucon e Levine, Richard Prince, Cindy Sherman e Sandy Skoglund. Prince, Levine e Sherman sono anche nell'epocale *Opening Group Show*, mostra inaugurale della galleria Metro Pictures, che definisce sostanzialmente autori e fondamenti della cosiddetta Pictures Generation. Negli anni immediatamente successivi, si tengono *Staged Shots: Photographs of Fabricated Images* alla Delahunty Gallery di Dallas nel 1981 e *Image Scavengers: Photography*, all'Institute of Contemporary Art di Filadelfia nel 1982, curata ancora da Douglas Crimp, con la partecipazione di quelle che sono ormai presenze fisse in questo ambito come Brooks, Levine, Prince, Rodan, Sherman, Simmons e Eileen Cowin, Jimmy De Sana e Barbara Kruger. Il 1983 è un anno particolarmente ricco di eventi espositivi : alla Marlborough Gallery di New York si tiene *In Plato's Cave*, con testo di Abigail Solomon-Godeau; alla Boise Art Gallery in Idaho si apre *Arranged Image Photography*, mentre al Centre Pompidou di Parigi si tiene in febbraio la prima presentazione europea di rilievo del fenomeno, dal titolo *Images fabriquées*, curata da Alain Sayag con la partecipazione, tra gli autori già incontrati, di Brooks, Casebere, Cumming, Faucon, Krims, Simmons, Skoglund, Webb ai quali si aggiungono anche Jo Ann Callis e Nic Nicosia, oltre a diversi europei come Rommert Boonstra, Georges Rousse, Jan Saudek, Patrick Tosani. L'anno successivo si apre con *Anxious Interiors: An Exhibition of Tableau Pho-*

TRUE FICTIONS

Walter Guadagnini

Chronology 1 – Exhibitions

In 1977, the *Pictures* exhibition curated by Douglas Crimp was inaugurated at the Artists Space in New York, presenting the work of Troy Brauntuch, Jack Goldstein, Sherrie Levine, Robert Longo and Philip Smith. Two years later, *Fabricated to be Photographed* was inaugurated at MoMA in San Francisco, curated by Van Deren Coke, photographer and critic, with the participation of ten artists, including Ellen Brooks, James Casebere, Robert Cumming, Leslie Krims, John Pfahl and Donald Rodan. A few months later, in early 1980, the UCSB Museum of Art in Santa Barbara in California staged *Invented Images*, with 20 authors including Bernard Faucon, David Haxton, Ken Josephson, Lucas Samaras, Laurie Simmons, Boyd Webb and William Wegman. In the same months, also in California, the *Situational Imagery* exhibition was held in the Irvine Gallery of the US State University. Meanwhile, at the Texas Gallery in Houston Marvin Heiferman curated *Ten Photographers*, in which Faucon and Levine, Richard Prince, Cindy Sherman and Sandy Skoglund were again exhibiting. Prince, Levine and Sherman were also present in the epochal *Opening Group Show*, an inaugural exhibition in the Metro Pictures gallery, which essentially defined the leading authors and the founding members of the so-called Pictures Generation. In the following years, *Staged Shots: Photographs of Fabricated Images* was held at the Delahunty Gallery in Dallas in 1981, while in 1982 *Image Scavengers: Photography* was on show in the Institute of Contemporary Art in Philadelphia, again curated by Douglas Crimp and featuring the outstanding pioneers who by then were repeatedly dominant in this area, such as Brooks, Levine, Prince, Rodan, Sherman, Simmons and Eileen Cowin, Jimmy De Sana and Barbara Kruger. 1983 was a particularly rich year in terms of exhibition events: *In Plato's Cave*, with a text by Abigail Solomon-Godeau, was on show at the Marlborough Gallery in New York; *Arranged Image Photography* opened at the Boise Art Gallery in Idaho, while the first major European presentation of this developing artistic phenomenon was held in February at the Centre Pompidou in Paris, entitled *Images fabriquées*, curated by Alain Sayag with the participation, among other authors previously mentioned, of Brooks, Casebere, Cumming, Faucon, Krims, Simmons, Skoglund and Webb, to which Jo Ann

tography and Sculpture al Laguna Beach Museum of Art, curata da Elaine K. Dines, che sarà poi itinerante negli Stati Uniti per un biennio. Tra gli autori, gli ormai affermati Brooks, Callis, Faucon, Nicosia, Sherman, Skoglund e Webb, che saranno ancora presenti nel 1986 a *Photographic Fictions* al Whitney Museum of Art, Fairfield County, Stamford nel Connecticut e ad *Arrangements for the Camera: A View of Contemporary Photography* al Baltimore Museum of Art nel 1987. Un'esposizione destinata a divenire una pietra miliare nella storia del genere è *Cross References: Sculpture into Photography* al Walker Art Center di Minneapolis nella quale sono presenti sei artisti, Casebere, Faucon, Skoglund, Webb, Bruce Charlesworth e Ron O'Donnell. A dieci anni di distanza dagli esordi, è già tempo di canonizzazione e sistematizzazione, che avvengono simbolicamente nel 1989, quando tre musei primari del panorama mondiale dedicano mostre retrospettive al fenomeno: *The Photography of Invention: American Pictures of the 80s* al National Museum di Washington, *Das konstruierte Bild. Fotografie – arrangiert und inszeniert* al Kunstverein Munich e *Image World, Art and Media Culture* al Whitney Museum of American Art di New York, quest'ultima di più ampio respiro tematico e disciplinare, ma nella quale la staged photography ha un ruolo significativo. Da questo momento in poi, si assiste da un lato alla storicizzazione del fenomeno e dei suoi protagonisti, dall'altro alla nascita di una nuova generazione di autori, che si misurano con tematiche analoghe ma su basi diverse, e soprattutto nella coscienza dell'avvenuta creazione e sedimentazione di un genere e di una pratica divenute parti integranti del panorama, non solo fotografico, mondiale.

Cronologia 2 – I testi

Nel 1976 "Artforum" dedica un numero speciale alla fotografia, a dimostrazione non solo di quale sia l'interesse del mondo dell'arte contemporanea nei confronti di questo strumento e del suo linguaggio, ma anche del fatto che sono in corso processi cruciali di ridefinizione dello statuto del mezzo e del suo posizionamento nel mondo della comunicazione e delle arti. Tra i saggi pubblicati nella rivista, fondamentale si rivela quello di Allan D. Coleman, *The Directorial Mode: Notes Toward a Definition*, autentico punto di partenza e fondamento teorico di quella che è la nuova fotografia in via di elaborazione, alla quale fornisce anche solide basi storiche. Significativo è anche *The Anti-Photographers* di Nancy Foote, che affronta uno dei temi primari di questa temperie culturale, il confronto tra i fotografi e gli artisti che usano la fotografia, questione innescata dalle pratiche concettuali e destinata a segnare proprio questo passaggio epocale[1]. Nel 1979 Douglas Crimp pubblica in "October" il saggio *Pictures*, nel quale si definisce il nucleo delle poetiche della Pictures Generation, e che avrà poi ulteriori sviluppi come riflessione post-moderna sull'immagine in senso lato e non solo su quella fotografica. Nel 1981 esce *Simulacres et Simulation* di Jean Baudrillard e nel 1983 *Für eine Philosophie der Fotographie* di Vilém Flusser: si tratta di due saggi, l'uno dedicato alla cosiddetta società dei simulacri nei quali l'immagine tiene ovviamente un ruolo centrale e l'altro specificamente concentrato sul linguaggio

Callis and Nic Nicosia were added, as well as several Europeans, including Rommert Boonstra, Georges Rousse, Jan Saudek and Patrick Tosani. 1984 opened with *Anxious Interiors: An Exhibition of Tableau Photography and Sculpture* at the Laguna Beach Museum of Art, curated by Elaine K. Dines, a show which continued to tour the United States for the next two years. Among the authors showing their work were the by then familiar figures of Brooks, Callis, Faucon, Nicosia, Sherman, Skoglund and Webb, who were again present in 1986 at the *Photographic Fictions* exhibition at the Whitney Museum of Art in Fairfield County, Stamford in Connecticut. They figured again in *Arrangements for the Camera: A View of Contemporary Photography* at the Baltimore Museum of Art in 1987. *Cross References: Sculpture into Photography* at the Walker Art Centre in Minneapolis was an exhibition destined to become a milestone in the history of the genre, featuring six outstanding artists: Casebere, Faucon, Skoglund, Webb, Bruce Charlesworth and Ron O'Donnell. Ten years after the beginnings, the time for canonisation and systematisation had come. This took place symbolically in 1989, when three of the most important museums in the world dedicated retrospective exhibitions to this creative phenomenon: *The Photography of Invention: American Pictures of the 1980s* at the National Museum in Washington, *Das konstruierte Bild. Fotografie – arrangiert und inszeniert* at the Kunstverein München in Munich, and *Image World, Art and Media Culture* at the Whitney Museum of American Art in New York. The latter, in particular, offered a broader thematic and disciplinary scope, in which staged photography played a significant role. From this moment on, we witness, on the one hand, the historicisation of the phenomenon and its protagonists, and on the other the birth of a newer generation of authors, who measured themselves with similar themes but on different bases, and above all in the awareness of the creation and sedimentation of a genre and a practice that had become integral parts of a world both inside and outside the photographic panorama.

Chronology 2 – Texts

In 1976, the *Artforum* magazine dedicated a special issue to photography, demonstrating not only the interest of the contemporary art world in this instrument and its language, but also the fact that crucial redefinition processes were underway regarding the medium's status and its positioning in the world of communication and the arts. Among the essays published in the magazine, Allan D.Coleman's "The Directorial Mode: Notes Towards a Definition" was fundamental: an authentic starting point and theoretical foundation of the new photography that was being developed and its robust historical roots. Also significant was an essay called "The Anti-Photographers" by Nancy Foote, which focused on one of the primary themes of this cultural atmosphere: the confrontation between photographers and artists who use photography, a question triggered by conceptual practices and destined to leave its mark on this epochal transition.[1] Douglas Crimp had published his essay "Pictures" in the magazine *October*, in 1979, defining the core of the poetics of the Pictures

fotografico, che incidono in profondità sul dibattito intorno al ruolo e alla natura delle immagini, con significativi riflessi sulle pratiche artistiche del periodo. Nel 1984, Joan Fontcuberta redige *Contrevisiones*, un testo che già pone le basi della riflessione dell'artista e teorico catalano sugli statuti del linguaggio fotografico, una riflessione che proseguirà, affinandosi, sino a oggi. Infine, a poco più di un decennio dalla pubblicazione del seminale saggio di Coleman, un corposo volume si fa carico di sistematizzare queste vicende: si tratta di *Fabrications: Staged, Altered, and Appropriated Photographs* curato da Anne H. Hoy ed edito da Abbeville Press. Un volume corposo, che suddivide il tema in cinque sezioni, sotto i titoli di *Narrative Tableaux*, *Portraits and Self-Portraits*, *Still-Life Constructions*, *Appropriated Images and Words* e *Manipulated Prints and Photo-Collages*, ognuno costruito a partire da alcune figure, considerate pionieristiche, attive negli anni settanta, per giungere alla più stretta contemporaneità. Ben 58 sono gli autori presi in considerazione, a dimostrazione dell'ampiezza del raggio d'azione dell'autrice ma anche della vastità del fenomeno, nonché ovviamente della sua varietà e della sua irriducibilità a una sola definizione.
A queste specifiche prove saggistiche, è naturalmente opportuno aggiungere, nella ricostruzione della letteratura critica di questa scena, tutti i testi introduttivi, alcuni dei quali particolarmente impegnativi, dei cataloghi delle mostre citate in precedenza, nonché quelli relativi ai singoli autori in occasione delle loro mostre personali in gallerie e musei. Se si considera che ci si riferisce a poco più di un decennio, si tratta di una bibliografia dunque molto ricca, alla quale fa da contraltare una rarefazione altrettanto evidente nei decenni successivi. Esclusi ancora i testi monografici relativi ai singoli autori, le pubblicazioni specifiche e significative relative a questo tema sono il volume di Michael Kohler, *Constructed Realities: The Art of Staged Photography* del 1995, quello del 2006 a cura di Lori Pauli *Acting the part*, il cui significativo sottotitolo è *A History of Staged Photography*, i cataloghi *Realtà manipolate*, che accompagnava l'omonima mostra curata da Franziska Nori alla Strozzina di Firenze nel 2010 e *Otherwordly: Optical Delusions and Small Realities* pubblicato da David Mac Fadden in occasione della mostra da lui curata nel 2011 al MAD Museum di New York, nonché le due raccolte di fotografie sul tema, pubblicate l'una dal Getty Museum, *Photography as Fiction* di Erin C. Garcia del 2010 e l'altra dal Victoria & Albert Museum, *Making It Up: Photographic Fictions*, curato da Marta Weiss. L'ultima manifestazione in ordine di tempo è la mostra *Encore. Reenactment in Contemporary Photography*, tenutasi al Getty Museum nel 2019. I vari temi connessi alla nascita e allo sviluppo di questo genere sono invece significativamente trattati all'interno di mostre e volumi di più ampia visione, da *Faking It* a *Seduced by Art* a *Performing for the Camera*, a dimostrazione del fatto che ormai la lettura di queste vicende è entrata a far parte stabilmente della storia dell'arte tra la fine del XX e gli inizi del XXI secolo, e che la complessità delle opere realizzate in quest'ambito va ben al di là della semplice evoluzione di pratiche e stilemi fotografici in un determinato periodo storico[2].

Generation. This was then further developed into a post-modern reflection on the image in a broader sense and not only in a photographic perspective. In 1981, Jean Baudrillard's *Simulacres et Simulation* was published, and in 1983 *Für eine Philosophie der Fotografie* by Vilém Flusser: two essays, one dedicated to the so-called society of simulacra, in which the image obviously plays a central role, and the other specifically focused on photographic language, both of which deeply confronted the debate around the role and nature of images, with significant references to the artistic practices of the period. In 1984, Joan Fontcuberta wrote "Contrevisiones", a text that clearly laid down the foundations of the Catalan artist and theorist's reflection on the meanings of photographic language, a reflection that he has continued and refined until today. In 1987, just over a decade after the publication of Coleman's seminal essay, a substantial volume took on the task of systematising these events: named *Fabrications: Staged, Altered, and Appropriated Photographs*, it was edited by Anne H. Hoy and published by Abbeville Press. A full-bodied volume, subdividing the subject into five sections titled "Narrative Tableaux", "Portraits and Self-Portraits", "Still-Life Constructions", "Appropriated Images and Words" and "Manipulated Prints and Photo-Collages". Each section began with certain pioneering artists active in the 1970s, and finished with contemporary developments in 1987. No less than 58 authors are featured, demonstrating the breadth of the author's range of action but also the extreme range of creative phenomena, as well as obviously its variety and its absolute refusal to submit to any single orthodoxy.

It is naturally appropriate to add to these specific essays – in the reconstruction of the critical literature of this period – all the introductory texts in the catalogues of the exhibitions mentioned above, some of which are particularly demanding, not forgetting the presentations relating to individual authors on the occasion of their personal exhibitions in countless galleries and museums. If we consider that we are referring basically to just over a decade, we are dealing with a hugely rich bibliography, which was followed by an equally notable bibliographic 'thinning out' in the following decades. If we wish to exclude the monographic texts relating to the individual authors, the most specific and significant publications relating to this subject in general are the volume by Michael Kohler, *Constructed Realities: The Art of Staged Photography* of 1995 and the 2006 book edited by Lori Pauli *Acting the Part*, whose significant subtitle is *A History of Staged Photography*. Not forgetting the *Manipulated Realities* catalogue that accompanied the exhibition of that name curated by Franziska Nori at the Strozzina Centre in Florence in 2010, and *Otherwordly: Optical Delusions and Small Realities* published by David MacFadden on the occasion of the exhibition he curated in 2011 at the MAD Museum in New York, and also the two collections of photographs on the theme in the Getty Museum, plus *Photography as Fiction* by Erin C. Garcia from 2010 and *Making It Up: Photographic Fictions* at the Victoria and Albert in London, curated by Marta Weiss. General themes connected to the birth and development of this genre are dealt with in various volumes of a broader

Cronologia 3 – Varia

Nel 1971 chiude "Look", l'anno successivo termina le pubblicazioni "Life": due date simboliche per segnare la fine della stagione d'oro della fotografia come documento e testimonianza del mondo, sotto forma di rivista illustrata. Nel 1972 è messa in commercio la Polaroid SX-70. Nel 1981 la Sony lancia il primo modello di macchina fotografica digitale, la Mavica: è l'inizio della rivoluzione. Nove anni dopo, nel 1990, è messa in commercio la prima versione di Photoshop: la rivoluzione è quasi compiuta. Nel 1991, Tim Berners-Lee lancia il primo sito web, è l'inizio di un nuovo mondo, anche per la fotografia, forse l'anno di nascita di quella che sarà definita l'era post-fotografica. Si noti la coincidenza pressoché assoluta tra questi eventi e la nascita, la diffusione e la chiusura della prima stagione della cosiddetta staged photography.

Definizioni 1 – generale

Come si evince dalle righe precedenti, il genere di fotografie qui preso in esame ha subito nel tempo varie definizioni, è stato accompagnato da vari aggettivi e ha naturalmente originato varie ipotesi di lettura. Senza dubbio i termini più utilizzati sono quelli di *staged*, *manipulated*, *fiction*, *fabrications*, *invention*, *construction*, attraverso i quali è facilmente individuabile il *modus operandi* degli autori presi in considerazione. Più difficile è comprendere invece ragioni e conseguenze di tali modi operativi, e per questo è necessario rifarsi nello specifico ad alcuni dei testi costitutivi di queste estetiche. A partire proprio dai saggi pubblicati nel succitato numero speciale di "Artforum". Allan D. Coleman, ad esempio, definisce esplicitamente il "directorial mode" in contrasto con la fotografia diretta e documentaria, all'interno di un ragionamento insieme storico e filosofico:

> All'estremo opposto di questo continuum si trova una terza branca, atea, della fotografia. Quella in cui il fotografo, in maniera consapevole e voluta, crea eventi con lo scopo dichiarato di realizzarne immagini. Per ottenere questo risultato, si può intervenire su avvenimenti 'reali' in corso di svolgimento, oppure si possono mettere in scena dei tableaux. In entrambi i casi, si crea una situazione che non si sarebbe verificata senza l'intervento del fotografo. Qui l''autenticità' dell'evento originale non viene messa in discussione, così come non lo è la fedeltà con cui viene riprodotto, mentre si presume che lo spettatore si ponga il problema solo in maniera ironica. Queste immagini si avvalgono – a scapito dello spettatore – della palese veridicità della fotografia, sfruttando l'iniziale presunzione di credibilità e rievocandola per avvenimenti e rapporti generati dalla deliberata strutturazione da parte del fotografo di quanto avviene di fronte all'obiettivo, e dell'immagine che ne deriva. In questo genere di scatti opera un'innata ambiguità perché, anche se quelli che sembrano 'scorci di vita' non sarebbero avvenuti se non su invito del fotografo, quegli stessi eventi (o un loro ragionevole facsimile) si sono svolti davvero, come dimostrano le immagini. Se a un primo sguardo questi 'documenti' falsificati rievocano lo stesso atto di fede di quelli all'estremo opposto di

focus, from *Faking It* to *Seduced by Art* to *Performing for the Camera*, demonstrating the fact that today the narration of these events has became a permanent part of the history of art between the late twentieth and the early twenty-first centuries and that the complexity of the works created in this field far exceeds the simple evolution of photographic practices and styles in a given historical period.[2]

Chronology 3 – Various

The magazine *Look* closed in 1971, and the following year *Life* expired: two symbolic dates that marked the end of the golden age of photography as a document and witness to the world, in the form of illustrated magazines. In 1972 the Polaroid SX-70 hit the market. In 1981, Sony launched the first digital camera, the Mavica: the beginning of the revolution. Nine years later, in 1990, the first version of Photoshop was released: the revolution was almost complete. And in 1991, Tim Berners-Lee launched the first website: the beginning of a new world. And for photography, that was perhaps the year when the post-photographic era began. You are politely invited to note the almost absolute coincidence between these events and dates and the birth, dissemination and closure of the first season of so-called staged photography.

Definitions 1 – General

The paragraph above illustrates how the kind of photographs examined in this exhibition has undergone various descriptions over time, has been labelled by various adjectives and has naturally given rise to various hypothetical readings. Undoubtedly the most frequent terms are *staged*, *manipulated*, *fiction*, *fabrications*, *invention*, *construction*… which clearly identify the modus operandi of the authors considered. Not so easily understood are the reasons and consequences of such *modus operandi*, which is why it is necessary to refer specifically to some of the founding texts of these aesthetics. We should start from the essays published in the special issue of *Artforum* mentioned earlier. There A.D. Coleman, for example, explicitly describes a "directorial mode" in contrast to direct and documentary photography, through a reasoning that is both historical and philosophical:

> A third, atheistic branch of photography stands at the far end of this continuum. Here the photographer consciously and intentionally *creates* events for the express purpose of making images thereof. This may be achieved by intervening in ongoing "real" events or by staging tableaux – in either case, by causing something to take place which would not have occurred had the photographer not made it happen. Here the "authenticity" of the original event is not an issue, nor the photographer's fidelity to it, and the viewer would be expected to raise those questions only ironically. Such images use photography's overt veracity against the viewer, exploiting that initial assumption of credibility by evoking it for events and relationships generated by the photographer's

> questa scala, non richiedono tuttavia una fede permanente, ma solo la sospensione dell'incredulità. Definirei questa modalità 'registica'[3].

Si tratta di un discorso interno all'evoluzione del linguaggio fotografico, privo sostanzialmente di riferimenti ad altri mondi della cultura e al contesto all'interno del quale esso si situa. Il saggio delinea una precisa genealogia della staged photography, a partire dalle stereoscopie per passare ai maestri come Rejlander, Robinson, Cameron, attraversare la stagione del pittorialismo e giungere infine alla contemporaneità di autori come Les Krims, Arthur Tress e Duane Michals, attraverso le figure eccentriche di Clarence John Laughlin e Ralph Eugene Meatyard. Il testo di Coleman è fortemente centrato sugli Stati Uniti, tanto che nella prospettiva storica la fotografia dadaista e surrealista sono appena sfiorate, e questo dato merita di essere evidenziato perché permette una prima considerazione di ordine non semplicemente geografico, vale a dire che queste poetiche appartengono – almeno fino al termine degli anni ottanta – specificamente alla cultura statunitense. A conferma di ciò, basti pensare che per individuare dei protagonisti europei bisogna rifarsi ai casi sostanzialmente isolati di Luigi Ontani in Italia, di Bernard Faucon in Francia e di Teun Hocks in Olanda, e per avere una prima diffusione e conoscenza diretta del fenomeno bisogna attendere le prime grandi mostre itineranti di Cindy Sherman allo Stedelijk Museum di Amsterdam nel 1982 o di Jeff Wall all'ICA di Londra e alla Kunsthalle di Basilea nel 1984 (diverso è il caso nelle generazioni successive, con lo sviluppo significativo in Gran Bretagna e la vera e propria esplosione nel nuovo millennio nell'area cinese e più latamente estremo orientale. Ma questo fa sostanzialmente parte del fenomeno della globalizzazione anche in ambito artistico, che emerge proprio a partire dagli anni novanta). Dalla ricostruzione storica alla definizione geografica, il percorso tracciato da Coleman risulta in qualche modo normativo, e rimane ancor oggi valido se ci si limita allo specifico fotografico (Anne Hoy nei testi del citato *Fabrications* si rifà a questa struttura nella definizione delle premesse alla situazione attuale): la fotografia costruita è dunque, in quest'ottica, l'evoluzione naturale di una tendenza da sempre presente nella storia della fotografia, in particolare in quella della fotografia cosiddetta artistica[4].
A questa visione, se ne affianca un'altra, che non la contraddice ma ne amplia in maniera significativa e determinante gli orizzonti e le possibilità di lettura; ci si può ancora riferire allo stesso numero di "Artforum" e vedere la lettura di contesto data da Nancy Foote, che evidenzia come

> per ogni fotografo che si dichiara artista nel momento in cui scatta immagini, c'è un artista che corre il grosso rischio di trasformarsi in fotografo. Un esempio del livello di assurdità al quale possono abbassarsi questi stratagemmi è forse l'importanza attribuita all'immagine dell'ambiente nel quale espone. Spesso la reputazione di una galleria deriva sia da come decide la sorte di un'opera, sia dal carattere dell'arte stessa. Queste gerarchie sono chiaramente visibili alle gallerie Castelli più che in qualsiasi altro posto: lì le fotografie

> deliberate structuring of what takes place in front of the lens as well as of the resulting image. There is an inherent ambiguity at work in such images, for even though what they purport to describe as "slices of life" would not have occurred except for the photographer's instigation, nonetheless those events (or a reasonable facsimile thereof) did actually take place, as the photographs demonstrate. Such falsified "documents" may at first glance evoke the same act of faith as those at the opposite end of this scale, but they don't require the permanent sustaining of it; all they ask for is the suspension of disbelief. This mode I would define as *directorial*.[3]

This is an internal development in the evolution of the photographic language, essentially devoid of references to other cultural worlds or to the context within which it is located. The essay outlines a precise genealogy of staged photography, starting from stereoscopies and moving on to maestros such as Rejlander, Robinson or Cameron, moving through the season of pictorialism and finally reaching the contemporaneity of authors such as Les Krims, Arthur Tress and Duane Michals, through the eccentric figures of Clarence John Laughlin and Ralph Eugene Meatyard. Coleman's text is strongly centred on the United States, so much so that the historical perspectives of Dadaist and Surrealist photography are hardly touched upon, and this fact needs to be underlined because it introduces a first consideration that is not simply a matter of geography: i.e. that these poetics relate – at least until the late 1980s – specifically to US culture. Indeed, in order to identify European protagonists we can only refer to the basically isolated cases of Luigi Ontani in Italy, Bernard Faucon in France and Teun Hocks in the Netherlands, and to encounter the initial spread and direct knowledge of the phenomenon we have to wait for the first major traveling exhibitions of Cindy Sherman at the Stedelijk Museum in Amsterdam in 1982 or by Jeff Wall at the ICA in London and at the Kunsthalle in Basel in 1984 (things changed soon enough: subsequent photographic generations soon emerged with significant developments happening in Great Britain, and then the real explosion in the new millennium in the Chinese area and in the Far East, but this was basically part of the globalisation phenomenon's spinoff in the artistic field, as from the 1990s). Shifting from historical reconstruction to geographical definition, the path traced by Coleman has become the main road, and still remains valid today if we limit ourselves to photographic contexts (Anne Hoy, in the texts in her *Fabrications*, refers to this blueprint in describing the premises for the current situation): in this perspective, constructed photography is the natural evolution of a trend that has always been present in the history of photography, particularly in the field of so-called artistic photography.[4]

This vision is accompanied by a second concept, which doesn't contradict it but broadens its horizons and interpretations in a significant and decisive way: we can still consult the same issue of *Artforum* and read the contextual perception offered by Nancy Foote which highlights how

> vengono esposte Downstairs Uptown (al piano terra nella parte bene della città) insieme alle stampe, ma molto Upstairs Downtown (ai piani superiori in centro), ovvero nel salotto fronte strada, nel caso vengano correttamente presentate come arte concettuale[5].

Al di là dell'esemplare capacità di visualizzazione verbale dell'autrice nel gioco di parole tra Downstairs Uptown e Upstairs Downtown che illumina una condizione – e una contraddizione – in realtà ancora oggi presente nell'economia dell'arte contemporanea, ciò che conta è la sottolineatura del ruolo che la fotografia è venuta ad assumere nelle varie declinazioni dell'arte di matrice concettuale e performativa a partire dagli anni sessanta. Un ruolo che ha determinato una ridefinizione della fotografia stessa all'interno di quel sistema: da sorella minore – sostanzialmente al pari della grafica, perché quella è sempre stata la considerazione reale, in termini economici, della fotografia nel sistema artistico fino a quel momento – a pratica necessaria per l'esistenza stessa – e dunque anche per la commerciabilità – di una forma d'arte. A partire da questa considerazione il saggio di Foote trova naturalmente i suoi esempi nel mondo dell'arte, da Ed Ruscha a Eleonor Antin, da Richard Long a Douglas Huebler, mentre dal mondo della fotografia viene ammessa solo la ricerca dei coniugi Becher, già a queste date considerati come l'anello di congiunzione tra i due mondi. Un'altra figura presa in considerazione in queste righe è John Baldessari, e con lui si apre il terzo, determinante capitolo relativo alla definizione delle origini di questa vicenda: è dai suoi insegnamenti alla CalArts di Los Angeles che escono, infatti, gran parte degli esponenti della Pictures Generation, che faranno il loro esordio pubblico newyorchese nel 1977, dunque a ridosso della stesura delle righe di Nancy Foote. Due sono gli elementi cruciali di questo snodo: il primo è l'accademizzazione della pratica fotografica, il secondo è l'interpretazione della fotografia come immagine – e non come tecnica specifica –, che apre all'assunzione della sua centralità nel discorso post-moderno sul ruolo delle immagini nell'arte e nella società. È Douglas Crimp a evidenziare questi aspetti, quando scrive a proposito dell'opera di Sherman, Prince, Levine, Longo, Brauntuch:

> È in questo senso che l'approccio radicalmente nuovo ai mezzi espressivi assume importanza. Se una caratteristica delle descrizioni formali dell'arte modernista è stata quella di essere topografiche, ovvero di mappare le superfici delle opere d'arte per determinarne la struttura, ora si è reso necessario pensare alla descrizione come a un'attività stratigrafica. I procedimenti di citazione, selezione, incorniciatura e messa in scena, che costituiscono le strategie del lavoro di cui ho parlato, hanno bisogno anche di strati rivelatori della rappresentazione. Inutile dire che non siamo alla ricerca delle fonti o delle origini, ma di strutture del significato: sotto ogni immagine ce n'è sempre un'altra[6].

Sono dunque queste le premesse sostanziali a qualsiasi riflessione sulla staged photography, premesse che implicano una visione a tutto tondo del panorama relativo alla cultura delle immagini di questo periodo: la *remise en question* della presunzione

> for every photographer who clamors to make it as an artist, there is an artist running a grave risk of turning into a photographer. The level of absurdity to which such maneuvering can descend is exemplified, perhaps, by the importance placed on the image of the surroundings in which one exhibits. A gallery's reputation often has as much to do with sealing the fate of a work as does the character of the art itself. Nowhere are such hierarchies more clearly visible than at the galleries Castelli, where photographs are shown Downstairs Uptown, with the prints, but very much Upstairs Downtown (in the front parlor, that is) – if they come properly introduced as conceptual art.[5]

Aside from of her exemplary verbal visualisation skills in the play on words between Downstairs Uptown and Upstairs Downtown, revealing a condition and a contradiction still present in today's contemporary art industry – the key thing is to underline the role that photography has come to assume in the various expressions of conceptual and performative art since the 1960s. This role has led to a redefinition of photography itself within that system: as a kind of younger sister, substantially on a par with graphics, since that had always been the real consideration, in economic terms, of photography in the art system up to that moment: and therefore a practice necessary to the very existence (and marketability) of an art form. Starting from this consideration, Foote's essay naturally chooses its examples from the world of art, from Ed Ruscha to Eleonor Antin and from Richard Long to Douglas Huebler, while from the world of photography only the research of Bernd und Hilla Becher is mentioned, by then already considered as the link between the two worlds. Another figure taken into consideration in these lines is John Baldessari, the inspirational figure behind the beginning of the third and decisive chapter in the origins of our story: as a lecturer at the California Institute of the Arts (CalArt) in Los Angeles, he triggered most of the exponents of the Pictures Generation, who would make their New York public debut in 1977, i.e. close to the drafting of Nancy Foote's essay. Two crucial elements emerged at this junction: firstly the academisation of photographic practices, and secondly the interpretation of photography as an image – but *not* as a practice – which opened the door to the central part it would play in the post-modern discussion of the role of images in art and society. Douglas Crimp was the man who highlighted these aspects, when writing about the work of Sherman, Prince, Levine, Longo and Brauntuch:

> It is in this sense that the radically new approach to mediums is important. If it had been characteristic of the formal descriptions of modernist art that they were topographical, that they mapped the surfaces of artworks in order to determine their structures, then it has now become necessary to think of description as a stratigraphic activity. Those processes of quotation, excerption, framing, and staging that constitute the strategies of the work I have been discussing necessitate uncovering strata of representation. Needless to say, we are not in search of sources or origins, but of structures of signification: underneath each picture there is always another picture.[6]

di realtà della fotografia va infatti di pari passo con la definitiva incorporazione della fotografia all'interno del sistema dell'arte contemporanea, in un processo che trova il suo parallelo nella trasformazione dell'educazione fotografica da artigianale ad accademica, e nella trasformazione della presentazione della fotografia dalla carta stampata alle pareti del museo. Tutti questi elementi vanno letti contemporaneamente e contestualmente, poiché è dalla loro unione che nasce il fenomeno della staged photography, rappresentata nella maggioranza dei casi da fotografi formatisi nelle scuole d'arte, esposti e promossi dalle gallerie d'arte contemporanea, autori di opere nelle quali il linguaggio e la pratica fotografica si contaminano naturalmente e costitutivamente con altri linguaggi, in particolare quelli della performance, della scultura e del cinema. Il tutto, all'interno di una cultura – quella post-moderna – che si fonda sui concetti del simulacro, della falsificazione, della replica, della citazione, che dunque non casualmente trova in questi autori i suoi rappresentanti ideali (una dimostrazione a posteriori della loro centralità può forse venire dalla constatazione che molti di essi sono ancora oggi protagonisti assoluti della scena artistica contemporanea – da Wall a Prince a Sherman, per non citare che i tre più noti a livello planetario –, mentre la maggior parte dei rappresentanti dell'altra corrente dominante negli anni ottanta, la pittura selvaggia nelle sua varie declinazioni, tengono un ruolo molto più defilato). Da queste riflessioni introduttive si può avviare una lettura più approfondita delle diverse modalità di espressione che caratterizzano tale variegata galassia artistica.

Definizioni – finzioni

Se si dovesse individuare un tratto comune a tutte le esperienze prese in considerazione in questa mostra – che sono peraltro estremamente limitate rispetto alla portata del fenomeno, che è di dimensioni davvero enormi sia in termini quantitativi che in termini temporali, nel senso che ancora oggi sono moltissimi gli autori che si rifanno a questi principi – probabilmente esso andrebbe individuato nel rapporto che all'interno dell'opera si instaura tra vero e falso, tra realtà e finzione, tra vero e verosimile, tra documentazione e manipolazione. Un esempio immediato può venire dal confronto tra le fotografie di Hiroshi Sugimoto della serie dei *Diorama* e quelle di Joan Fontcuberta della serie *Fauna*: da un punto di vista della realizzazione, le opere non potrebbero essere più differenti, la prime sono fotografie dirette, documenti (sebbene artistici, secondo la definizione di Walker Evans) di un oggetto realmente esistente, mentre le seconde sono pure invenzioni, costruzioni di un mondo immaginario ottenute attraverso messe in scena ed espedienti fotografici e linguistici. Però, in entrambi i casi, il risultato è sempre quello di porre lo spettatore di fronte al quesito: che cosa sto guardando? Cosa ci dice che i protagonisti della scena fotografata da Sugimoto non sono viventi? Non l'immagine, ma la nostra conoscenza – non esistono oggi animali così, non esisteva allora la fotografia –, ed è esattamente ciò che accade in realtà davanti alla fotografia di Fontcuberta, noi sappiamo – o meglio presumiamo – che quell'animale non esista, e dunque pensiamo al trucco fotografico. Al di là del fatto che tali questioni

These are the essential premises behind any reflection on staged photography, the premises that support an all-round vision of the panorama relating to the culture of images of this period: the *remise en question* of photography's presumption of reality goes hand in hand with the definitive adoption of photography within the contemporary art system, in a process that finds its parallel in the transformation of photographic education from the artisanal to the academic, and in transferring the display of photographs from printed paper to museum walls. All these elements must be considered simultaneously and contextually, since it was from their fusion that the phenomenon of staged photography emerged, carried out in most cases by photographers trained in art schools, exhibited and promoted by contemporary art galleries, the authors of works where photographic language and practice are naturally and definitively mixed with other languages, above all those of performance, sculpture and cinema. All this, of course, within a post-modern culture based on the concepts of the simulacrum, of falsification, replication and quotation, which logically therefore found in these authors its ideal representatives (a demonstration in retrospect of the centrality of these authors may perhaps be based on the fact that many of them are today absolute protagonists of the contemporary art scene – from Wall to Prince to Sherman, the three best known figures internationally – while most of the representatives of the other dominant current of the 1980s, *wild painting* in its various forms, play much more secondary roles). Once we have established these premises, we can set off upon a more in-depth reading of the different kinds of expression that characterise this many-faceted artistic galaxy.

Definitions – Fictions

If one had to identify an aspect common to all the experiences taken into consideration in this exhibition – which are actually extremely limited compared to the scope of the phenomenon, which is massive in terms of both quantity and time, in the sense that to this day many artists refer to these principles – one should probably point to the relationship that is established within the work between true and false, reality and fiction, truth and lies. Take the comparison between the works by Hiroshi Sugimoto from the *Diorama* series and those by Joan Fontcuberta from his *Fauna* series: from a creative process point of view, the photos could not be more different, the former being direct photographs, documents (although artistic, in terms of Walker Evans's definition) of a concrete existing object, and the latter being pure inventions, constructions of an imaginary world obtained through photographic and linguistic staging and stratagems. However, in both cases, the result is always that of confronting the viewer with the question: what am I looking at? What proves to us that the protagonists of the scene photographed by Sugimoto are not alive and real? The answer is 'not the image itself, but our knowledge' – e.g. there are no such animals today, and photography did not exist back then – and this is exactly what actually happens in front of the photographs of Fontcuberta: we know, or rather we

accompagnano la fotografia dalla sua nascita (valga per tutte l'esemplare lettura dello stesso Fontcuberta di due immagini seminali della storia della fotografia, la veduta di *Boulevard du Temple* di Daguerre e l'*Annegato* di Bayard)[7], ciò che merita di essere sottolineato qui è che tutte le immagini di questa mostra costringano prima di tutto a questa riflessione, pongano questo interrogativo. Vale a dire mettano in discussione il valore testimoniale della fotografia e riaffermino la sua polisemia indipendentemente dalla natura del processo tecnico che le ha prodotte. Ma allo stesso modo, e in maniera ancora più significativa, tutte queste immagini si fondano sul presupposto che lo spettatore sia indotto a credere a ciò che vede proprio perché si trova davanti a una fotografia, secondo quel principio di presunzione di realtà che ha guidato (almeno fino alla nascita e alla diffusione di Photoshop) il rapporto tra uomo e macchina fotografica. E che determina ancora oggi l'utilizzo della fotografia sui mezzi di comunicazione di massa, tema che rappresenta ad esempio il luogo d'azione privilegiato di un'autrice giocosamente provocatoria come Alison Jackson.
A partire da questo elemento di base, si dipanano poi le diverse specificità linguistiche, le scelte individuali che si differenziano sia dal punto di vista tecnico che da quello concettuale e che si possono manifestare in gradi e modalità differenti all'interno di ogni singola poetica. Certamente, uno degli elementi che per primi emergono e che si sviluppano dagli anni settanta sino a oggi è quello della vera e propria costruzione dello spazio dell'immagine, della scena e dei suoi elementi. Nella seconda metà del decennio James Casebere e Laurie Simmons utilizzano modellini architettonici, bambole, giocattoli, per creare scene da fotografare e proporre non necessariamente come reali (sia in Casebere che in Simmons la finzione è dichiarata, almeno all'inizio, poi con il passare degli anni, come si vede nel *Bologna Tunnel* del primo, l'ambiguità si fa più marcata) ma come credibili, come riferimenti a una realtà esistente, ricostruita e riletta attraverso il filtro della memoria, a seconda dei casi individuale o collettiva. Negli stessi anni, David Levinthal utilizza sostanzialmente i medesimi elementi, ma forzando molto più sull'aspetto ingannevole e su quello narrativo, tanto da unirsi a Garry Trudeau per realizzare la geniale saga di *Hitler Moves East*: in essa il confine tra realtà e finzione è estremamente labile, ed è tale da aprire a una lunga serie di opere basate su questo principio, che arrivano in mostra sino a Paolo Ventura e a Lori Nix, individuati a rappresentare idealmente quanti operano nell'ambito della ricostruzione del mondo in una stanza, affrontando diverse tematiche e attingendo a diversi gradi di adesione al reale[8]. Si tratta comunque, in tutti questi casi, di un approccio che si potrebbe definire teatrale: c'è un palcoscenico sul quale avvengono dei fatti che rimandano al mondo reale, pur partendo dal presupposto che si è comunque all'interno di un luogo nel quale avviene una rappresentazione. Diverso è l'approccio invece che definisce quella che è la staged photography per così dire canonica, che per più di un elemento si rifà invece direttamente all'esperienza – e all'estetica – cinematografica e televisiva. La scena è costruita a partire da luoghi e persone reali, non da manichini e diorami; gli stessi eventi rappresentati appartengono alla contemporaneità, raramente si situano

assume, that such an animal does not exist, so we think about photographic tricks. Beyond the fact that these issues have accompanied photography since its birth (take as perfect examples Fontcuberta's reading of two seminal images in the history of photography, Daguerre's view of *Boulevard du Temple* and Bayard's *Drowned Man*),[7] what needs to be emphasised here is that all the images in this exhibition extort the same reflection from the viewer, and ask them the same question.
In other words they doubt the sincerity of the photograph's testimony and reaffirm its polysemy, regardless of the kind of the technical process that produced it. But in the same way, and even more significantly, all these images are based on the premise that the viewer is induced to believe what they see precisely because they are facing a photograph, seduced by the principle of presumption of reality that has guided (at least until the birth and diffusion of Photoshop) the relationship between humans and cameras; a presumption which still surrounds the use of photos in mass media contexts today, in a field, incidentally, that represents the privileged place of action of a playfully provocative author like Alison Jackson.
This is the starting line from which different linguistic specificities then evolve, when individual choices that differ both from a technical and conceptual point of view can manifest themselves in different degrees and ways within each individual poetic. Certainly, one of the elements that first emerge and develop from the 1970s to the present day concerns the actual construction of the image's space and place, its stage and scenery. In the second half of the 1970s James Casebere and Laurie Simmons both used architectural models, dolls or toys to create scenes to be photographed and not necessarily proposed as real (both in Casebere and in Simmons the fiction is declared, at least at the beginning, although with the passing of the years the ambiguity becomes more marked, as can be seen in Casabere's *Bologna Tunnel*), but nonetheless used as credible references to an existent reality, reconstructed and reinterpreted through the filter of memory, either individual or collective. In the same period, David Levinthal was using essentially the same elements but forcing his hand much more on deception and narration. This led him to join with Garry Trudeau to create the brilliant saga of *Hitler Moves East*, in which the borderline between reality and fiction was extremely fragile, opening the road to a long series of works based on this principle, up to Paolo Ventura and Lori Nix in this exhibition, ideally representing those who work in the field of reconstructing the world in a room, proposing different subjects and drawing on different degrees of adhesion to reality.[8] In all these cases, however, the approach could be justly described as theatrical: there is a stage on which events describing the real world take place, despite parting from the assumption that one is in a place where a performance is taking place. However, starting with the work of Jeff Wall, a second approach developed, proposing truly staged photography which involved various direct references to the experience – and aesthetics – of cinema and television. The stage and scenery was composed of real places and people, not from mannequins and dioramas;

in un tempo astratto o nel passato; il fotografo assume il ruolo di regista, realizzando dei veri e propri set sui quali agiscono spesso anche degli attori: la parabola di Jeff Wall è a questo proposito esemplare e lo conferma come figura di riferimento primaria nell'intero sviluppo di questa vicenda. Da *The Destroyed Room* del 1978 – vero e proprio incunabolo del genere – alle messe in scena via via più complesse dei primi anni ottanta fino a giungere all'enorme collage digitale di *A Sudden Gust of Wind (After Hokusai)* del 1993 – che anticipa, come sempre, una nuova stagione a partire dall'elemento tecnologico –, Wall è la figura che con maggiore lucidità legge e definisce le caratteristiche centrali di questa poetica del *tableau* (secondo quella che sarà più avanti la sistemazione teorica di Michael Fried)[9]: "Ho sempre considerato il mio lavoro un'imitazione degli effetti del cinema e della pittura (almeno di quella tradizionale), sicché quello che in esso c'è di inventato, di formale e di poetico è sempre stato molto importante"[10]. Non dunque appropriazione, per Wall – che infatti non è presente nelle mostre della Pictures Generation –, piuttosto citazione o *d'après*, che sono in ogni caso pratiche intellettuali e modelli linguistici chiaramente post-moderni.
Peraltro, è proprio sul confronto con la pittura che si gioca l'ultima, definitiva trasformazione della fotografia in qualcosa di radicalmente diverso da ciò che è stata per il suo primo secolo e mezzo di vita: se ancora il *pictorialism* era costretto a rincorrere la pittura e soprattutto la concezione stessa del quadro, il suo formato e le sue caratteristiche fisiche, finendo ancora in una posizione subalterna, questo genere di fotografia si confronta alla pari senza più alcun *inferiority complex*, a partire dalla denominazione. *Picture* sta primariamente per immagine, certo, ma significa anche quadro, e non si tratta certo di uno slittamento casuale. I formati ora possono competere direttamente con quelli della pittura (si veda ad esempio il passaggio di Sherman e Casebere dal formato fotografico tradizionale alle dimensioni gigantesche), e il colore diviene centrale nella definizione dell'immagine, è parte costitutiva del senso stesso dell'opera (valga per tutti l'esempio di Sandy Skoglund, ma l'intera storia della staged photography denuncia questa evidenza). Non si inventa solo l'immagine, ma si inventano anche le cromie, in dimensioni che si scelgono senza limitazioni tecniche: ora la fotografia può davvero stare Upstairs Uptown, come mai era avvenuto in precedenza (e si veda anche come la generazione successiva si confronti ancor più esplicitamente col modello pittorico, assunto non come modello di riferimento, ma come precedente, in una nuova, e sorprendente, genealogia).
A questo va aggiunta, nello specifico, quella pratica del *reenactment* così come si definisce sia in ambito artistico e fotografico, sia in quello cinematografico, la cui sintetica e recente definizione redatta in occasione della succitata mostra al Getty Museum è perfettamente in grado di evidenziarne l'importanza nel corso del tempo:

> Quando i fotografi contemporanei rimettono in scena eventi storici per la macchina fotografica – inserendo nell'immagine personaggi in costume, truccati e circondati da arredi scenici –, spesso il loro scopo è criticare la narrativa convenzionale e mettere

the events represented were contemporary, rarely being located in an abstract time or in the past; the photographer takes on the role of director, creating real sets on which real actors may well act. Jeff Wall's parable is exemplary in this regard, and confirms him as a primary reference figure in the entire development of this story. From *The Destroyed Room* of 1978 – a conceptual incunabulum of the genre – to the increasingly complex staging of the early 1980s and on up to the huge digital collage of *A Sudden Gust of Wind (After Hokusai)* of 1993 (the latter anticipating, as always, a new season based on a new technological element), Jeff Wall has been the most lucid figure in reading and describing the central characteristics of this *poetics of the tableau* (according to what will later be the theoretical arrangement of Michael Fried).[9] As he has declared: "I've always considered my work to be an imitation of the effects of cinema and painting (traditional painting at least), and as a result whatever is invented, formal and poetic has always been really important."[10] In other words, Wall – who was not present in the Pictures Generation exhibitions – was not aiming for appropriation but for quotation or *d'après*, which are anyway clearly post-modern intellectual practices and linguistic models.

Moreover, the comparison with painting brings about the last, definitive transformation of photography into something radically different from what it used to be for its first century and a half of life: if *pictorialism* was still obliged to chase after painting and above all the very conception of the picture, its size and its physical features, still ending up in a subordinate position, this kind of photography draws a comparison on the same level, without any inferiority complex anymore, starting from the name. *Picture* stands primarily for image, of course, but it also means painting, and it is certainly not a casual shift. Now the new sizes can compete directly with those of painting (see for example the shift of Sherman and Casebere from the traditional photographic size to giant dimensions), and colour becomes essential in the definition of the image, it is a fundamental element in the very meaning of the work (Sandy Skoglund's example is illuminating, but the whole history of staged photography reveals this same evidence). Not only images, but colours are invented as well, in dimensions chosen without technical limits: now photography can really stand *Upstairs Uptown*, as it never happened before (see also how the next generation compares itself even more explicitly with the pictorial model, taken not as a reference model, but as a precedent, in a new and surprising genealogy).

To this we must specifically add the practice of *reenactment*, as defined in both the artistic and photographic fields, and the practice of film-making, whose concise and recent definition as drawn up on the occasion of the previously mentioned exhibition at the Getty Museum is totally effective in highlighting its importance over time:

> When contemporary photographers restage historical events for the camera – incorporating figures that are costumed, in makeup, and surrounded by props – their goal is often to critique conventional narratives and to highlight under-presented stories.

> in luce storie poco note. E in effetti gli artisti utilizzano il *reenactment* come strategia per dar voce a chi, di solito, resta in silenzio. Al di là di una narrazione letterale, queste fotografie costruite con metodo comunicano un sottotesto di immagini simboliche, offrendo una visione più ampia del passato[11].

Non a caso, d'altra parte, anche le prime opere di Cindy Sherman si rifanno esplicitamente all'immaginario cinematografico (sebbene del passato) e si intitolano *Film Stills*, e la serie appena successiva si rifà alla pittura di storia, così come quelle di Eileen Cowin si intitolano *Family Docudrama*, rimandando direttamente anche all'estetica delle soap opera, un'estetica che Nic Nicosia utilizza come base per la decostruzione della finzione insita nella rappresentazione della vita quotidiana, sia essa televisiva che reale (e persino nella decostruzione dei generi fotografici, come dimostra un'opera come *Like Photojournalism*). Poiché in effetti questa commistione, questa ambiguità serve anche agli autori per riflettere in maniera non banale sull'immagine della contemporaneità e sugli stessi modelli di vita del tempo. Una delle mostre che caratterizzano questa tendenza non a caso si incentra sugli "interni ansiosi", e non a caso le immagini costruite da Sandy Skoglund hanno sempre una caratterizzazione perturbante, con l'irruzione di una natura incontrollata nell'apparentemente perfetta costruzione dell'esistenza domestica, lo stesso disagio che appare anche nelle opere di Bruce Charlesworth. In questo senso, la fotografia riprende la sua centralità, dimostra la sua indispensabilità nel raggiungimento di una determinata intenzione espressiva, poiché tutte queste scene appaiono sospese, devono una parte fondamentale del loro senso e del loro fascino proprio alla natura dell'immagine fotografica, che non permette di conoscere ciò che c'è prima e ciò che avverrà dopo il momento immortalato dallo scatto fotografico. Lo spettatore è di nuovo alle prese con una serie di interrogativi che riguardano non solo la natura di ciò che sta vedendo, ma anche gli sviluppi della scena a cui sta assistendo (nonché le ragioni, e le conseguenze).
È molto importante, questo aspetto, perché dimostra come queste immagini, che a prima vista possono apparire come fughe dalla realtà, siano invece saldamente radicate nella società del tempo, ne siano un commento molto più profondo di quanto non lasci intendere una prima lettura: in questo senso, la staged photography rimanda alla pop art, un'altra forma espressiva capace di sfruttare l'immediatezza e il fascino dell'immagine assunta dalla banalità del panorama visivo quotidiano per una riflessione sulla contemporaneità tutt'altro che superficiale, a dispetto delle apparenze.
Apparenze che, in questo ambito, assumono a loro volta un ruolo centrale: dalla già citata Sherman a Yasumasa Morimura, da Samuel Fosso a Gillian Wearing a Chan-Yo Bae (per non citare che gli autori presenti in mostra, ma è opportuno in questa sede ricordare almeno le prove di Yonka Shonibare, Zoe Leonard, Carrie Mae Weems, Lorna Simpson) l'idea del travestimento, dell'adozione di un'altra identità è da subito un elemento di primaria importanza nella definizione di questa estetica (che si rifà alla tradizione del *tableau vivant*, che peraltro innerva la storia della fotografia sin dai suoi

> Indeed, artists typically employ reenactment as a strategy to give voice to those usually silenced. Beyond literal storytelling, these methodically constructed photographs convey a subtext of symbolic imagery, making available broader views of the past.[11]

It is no coincidence, on the other hand, that even the early works of Cindy Sherman explicitly refer to cinematic images (from the past) and are called *Film Stills*, and that her subsequent series refers to history painting. Likewise, Eileen Cowin's work *Family Docudrama* also refers directly to *soap opera* aesthetics, an influence that Nic Nicosia uses as a basis for the deconstruction of fiction inherent in the representation of everyday life, whether based on TV or reality (and also in the deconstruction of photographic genres, as seen in a work such as *Like Photojournalism*). After all, this mixture and deliberate ambiguity also serves these creators as a way to reflect in a non-trivial way on the image today and on contemporary models of life. No wonder that one of the exhibitions that focuses on this trend features "anxious interiors", and that the images constructed by Sandy Skoglund are always of a disturbing nature, with the uncontrollable pulsions of nature bursting into an apparently perfect reconstruction of domestic existence, a motif that also appears in the works of Bruce Charlesworth. In this sense, photography reconquers centre stage, demonstrating its indispensability in achieving a specific expressive intention, since every scene appears suspended. Indeed, they owe a fundamental part of their sense and their power precisely to the nature of the photographic image, which refuses to show us what happened before and what will happen after the moment immortalised by the camera, leaving the viewer, yet again, with a series of questions not only about the nature of what they are seeing, but also about the subsequent developments of the scene they are witnessing (and its causes, and consequences).

This aspect is extremely important, because it shows how the images here, although they may resemble escapes from reality, are actually firmly rooted in the society of our time, and are a much deeper comment on it than a superficial reading might suggest: in this sense, staged photography reminds us of Pop Art, another form of expression capable of exploiting the immediacy and superficial attraction of the image conditioned by the banality of the everyday visual landscape to trigger a reflection on the contemporary world: a reflection that despite appearances is anything but superficial.

Appearances. In this context they play a central role: from Sherman to Yasumasa Morimura, from Samuel Fosso to Gillian Wearing to Chan Yo Bae (to mention only authors present in the exhibition, but it is appropriate to remember here at least the works of Yonka Shonibare, Zoe Leonard, Carrie Mae Weems and Lorna Simpson) appearances embody the idea of disguise, of the adoption of another identity, something which from the beginning was an element of primary importance in the definition of this aesthetic (connected to the tradition of the *tableau vivant*, something which has innervated the history of photography since its beginnings and to which Luigi Ontani

inizi e alla quale si rifà ad esempio Luigi Ontani nella sua precocissima produzione degli anni settanta)[12]. E non potrebbe essere altrimenti, se è vero che uno dei ruoli e delle funzioni storiche dalla fotografia è proprio quello di determinare l'identità di un individuo (dalle foto segnaletiche alla carta d'identità), vale a dire ancora una funzione documentaria, tale da rientrare naturalmente tra quelle da rimettere in discussione all'interno del discorso sulla falsificazione e sul simulacro. Questione, è chiaro, di ruoli, all'interno della società, e non è certo casuale che tale pratica venga esperita con particolare frequenza da tutti quei soggetti che all'interno della società contemporanea vivono spesso in una situazione di disagio, sia essa individuale o collettiva, per ragioni di sesso, genere, razza. Come se il territorio artistico fosse ancora il ruolo di un ribaltamento possibile delle convenzioni ma talvolta anche della storia, come se la narrazione del sé potesse trasformare il vissuto o si potesse riscrivere la storia da un punto di vista differente, riaffermando così la pratica artistica come territorio della libertà e della messa in discussione dei valori assodati, come spazio antagonista privato e pubblico, almeno sul piano delle narrazioni (si veda a questo proposito la definizione delle poetiche del *reenactment* ricordata più sopra). Si tratta, in qualche modo, di una riappropriazione attraverso il corpo di ciò che viene avvertito come mancante o come derubato, in una logica che fa proprio del meccanismo dell'appropriazione dell'esistente uno dei nuclei fondanti dell'estetica di questo periodo, come dimostrano le opere di autori non presenti in questa occasione, ma certo vicini artisticamente e determinanti nella definizione del clima culturale del periodo come Richard Prince o Sherrie Levine.
Ma se queste sono le premesse e le definizioni di massima necessarie per definire le origini e i fondamenti della staged photography, rimane da verificare se e quale sia stata la sua evoluzione nel corso del tempo, in considerazione del fatto che in mostra sono esposte opere realizzate dalla fine degli anni settanta sino a oggi e che quelle odierne hanno caratteristiche ben precise, per nulla epigonali rispetto a quelle degli inizi. È evidente, anzitutto, che la differenza maggiore risiede nella tecnica, e che tale differenza incide profondamente anche sulla natura delle immagini e sulle ragioni della loro realizzazione. Il passaggio digitale è, anche da questo punto di vista, epocale: la nascita di Photoshop segna sostanzialmente un prima e un dopo anche nella storia – ormai non brevissima – di questo genere di fotografia. Non si può infatti dimenticare che una delle caratteristiche essenziali della prima stagione è, come si è visto più sopra, l'attraversamento e la commistione delle diverse discipline: non a caso molti di questi autori, primi tra tutti Sandy Skoglund e Thomas Demand, non solo hanno costruito i loro set per realizzare le loro fotografie, ma li hanno poi esposti conferendo loro la stessa importanza conferita all'opera fotografica, evidenziando la natura per l'appunto interdisciplinare della loro pratica. Giungendo persino, in questo modo, a svelare l'inganno, a spostare dunque l'attenzione dello spettatore dall'elemento materiale a quello specificamente di senso, sottolineando come la costruzione della scena sia funzionale alla comunicazione il più precisa possibile del significato che l'autore intende attribuirle. Ora, nella pratica delle ultime generazioni questo elemento finisce quasi per scomparire, sostituito

refers for example in his early production of the 1970s).[12] This was inevitable, if it is true that one of the historic roles and functions of photography is precisely to determine the identity of an individual (from mugshots to identity cards), that is, to say it again, a documentary function, and therefore naturally to be included among the certainties to be questioned in reflections on falsification and simulacrum. This is clearly a question of social roles, and it is undoubtedly no coincidence that this identifying function is experienced with particular frequency today by people who live in a situation of hardship within contemporary society, be it individual or collective, whether caused by their sexuality, their gender or their racial identities. As if the territory of art offered an opportunity for a possible overturning of conventions and sometimes also of history. As if the narration of the self could transform experience, or history could be rewritten from a different point of view. As if reaffirming once again the field of creative art as a territory of freedom where established values can be questioned, as a private and public antagonistic space, at least on a narratives level (in this regard, see the definition of the poetics of *reenactment* mentioned above). It is, in some way, a reconquest via the body of things perceived as missing or stolen, in a logic that turns the mechanisms of appropriating existent elements into one of the founding contemporary aesthetic drives of this period, especially as seen in the works of various authors not present here on this occasion, but certainly artistically close and decisive in defining the cultural climate of the period, such as Richard Prince or Sherrie Levine.
If these are the premises and general definitions necessary to define the origins and foundations of staged photography, it still remains to be verified if and what its evolution has been over time, in consideration of the fact that works created from the late 1970s until today are present in this exhibition, and that those of today have extremely specific characteristics, by no means a thousand cultural miles from those of the beginnings. It is clear, first and foremost, that the greatest difference lies in the techniques applied, and that this difference also profoundly affects the nature of the images and the reasons for their creation. The digital transition is obviously epochal from this point of view: the birth of Photoshop basically marks a before and an after in the history – no longer so short – of this kind of photography. We mustn't forget that one of the essential characteristics of the first generation of staged photography was, as we have seen, the interbreeding and mixing of different disciplines: it is no coincidence that many of these authors, starting with Sandy Skoglund and Thomas Demand, not only built their sets to make their photographs, they then exhibited the sets as well, giving them the same importance as the photographic work in order to underline the interdisciplinary nature of their creativity. In this way, they reached the point of revealing their deceptions, thus shifting the viewer's attention from the material element to the conceptual one, proclaiming how the construction of the scene is functional to the most precise possible communication of the meaning which the author decides to assign to them. Today, in the activities of recent generations, this practice has almost disappeared, replaced by the adoption of the countless tools

dall'adozione di tutto quello strumentario generato dall'evoluzione della tecnologia digitale, peraltro in continuo divenire. Vero e falso ormai non sono nemmeno più un tema di discussione, tanto è divenuta esplicita la manipolabilità intrinseca dell'immagine fotografica (uno degli ultimi – in ordine di tempo – processi di democratizzazione del mezzo, per cui ognuno può compiere un'opera di manipolazione che una volta richiedeva specifiche conoscenze e abilità artigianali): ora i temi sono quelli delle *seeing machines*, degli strumenti di un controllo ormai onnipresente, della diffusione attraverso la rete di qualsiasi immagine e della sua infinita replicabilità. Agire sulla fotografia attraverso la sua manipolazione digitale, attraverso processi complessi, che presuppongono una nuova artigianalità tecnologica, e decidendo di creare immagini volutamente, dichiaratamente false, implica di per sé la volontà di opporsi al flusso continuo di immagini prive di qualsiasi prospettiva di durata e di qualsiasi volontà di elaborazione intellettuale (si tratta peraltro di un tema ricorrente nella storia della fotografia, gli anatemi di Stieglitz nei confronti dei *button pressers* sorti in seguito alla nascita della Kodak rispondono tutto sommato a un analogo principio). In questo si trova la continuità tra le prove di autori come Masuyama, Allchurch, Jiang Pengyi e i loro predecessori, nella volontà e capacità di creare un mondo 'altro' in grado però di riflettersi sul presente, di utilizzare un linguaggio visionario e fantastico, anche estremamente spettacolare, a partire dalla riflessione critica sul presente, sui meccanismi di produzione, diffusione e fruizione delle immagini, che mai sono innocenti, anche se fingono benissimo.

[1] "Artforum", *Photography* issue, XV, 1, settembre 1976.

[2] M. Fineman, *Faking It: Manipulated Photography before Photoshop*, Metropolitan Museum of Art, New York 2012; H. Kingsley, *Seduced by Art – Photography Past and Present*, National Gallery Company, London 2013; S. Baker, F. Moran, *Performing for the Camera*, Tate Publishing, London 2016.

[3] A.D. Coleman, *The Directorial Mode – Notes Toward a Definition*, in "Artforum" cit., pp. 55-60.

[4] Sostanzialmente tutte le visioni d'insieme del fenomeno ripercorrono questo schema con poche varianti, come dimostrano bene anche i testi introduttivi ai citati volumi di Erin Garcia e Martha Weiss.

[5] N. Foote, *The Anti-Photographer*, in "Artforum" cit. pp. 46-54.

[6] D. Crimp, *Pictures*, in "October", VIII, primavera 1979, pp. 75-88 (consultato in https://www.jstor.org/stable/778227). A proposito dell'intera vicenda della Pictures Generation, si veda D. Eklund, *The Pictures Generation, 1974-1984*, The Metropolitan Museum of Art, New York – Yale University Press, New Haven and London 2009.

[7] J. Fontcuberta, *Finzioni documentali*, in *La (foto)camera di Pandora*, Contrasto, Roma 2012, pp. 111-117 (ed. or. *La camara de Pandora*, Editorial Gustavo Gili, Barcelona 2010).

[8] La visione d'insieme migliore e più aggiornata di questa tendenza è senza dubbio in David R. Mc Fadden, *Otherworldly. Optical Delusions and Small Realities*, Channel Photographics, 2011.

[9] Numerosi sono i testi che Fried ha dedicato a Wall già a partire dagli anni ottanta, ma qui si rimanda alla lettura complessiva presente in *Why Photography Matters as Art as Never Before*, Yale University Press, New Haven 2008.

[10] Si veda anche questa affermazione dello stesso artista: "Advertising and cinema rearticulate this system of meaning and in doing so reaffirm (maybe by negation) the inherent links between high art, with its critical outlook, and the manipulation of the consumer audience in the commercial spectacle". J. Wall, *The Destroyed Room, Picture for Women*, in M. McClintic (a cura), *Directions 81*, Smithsonian, Washington 1981.

[11] *Encore. Reenactement in Contemporary Photography*, pubblicato online 2019 the J. Paul Getty Museum, Los Angeles, 2019 http://getty.edu/art/exhibitions/photo reenactment.

[12] A proposito di questo tema, si veda il recente, prezioso F. Gualdoni, *Corpo delle immagini, immagini del corpo*, Johan and Levi, Monza 2017.

generated by the constant evolution of digital technology. Truth and falsehood are no longer even a topic of discussion, so explicit has the intrinsic manipulability of the photographic image become (one of the latest – in chronological order – processes of democratisation of the medium, thanks to which everyone can manipulate an image in ways that once required specific knowledge and craftsmanship): now the latest focuses concern *seeing machines*, omnipresent control tools providing instant internet diffusion of any image and its infinite replicability. Recreating photographic images through highly complex digital manipulation processes presupposes a new technological craftsmanship and a decision to deliberately create images that are explicitly false. This implies the desire to oppose the continuous flow of images devoid of any perspective of duration and any desire for intellectual elaboration. This is a recurring theme in the history of photography: after all, Stieglitz's anathemas against the *button pressers* following the birth of Kodak cameras correspond to a similar principle. In this respect we can see the continuity between the work of authors such as Masuyama, Allchurch and Jang Pengyi with their predecessors, in terms of the determination and the ability to create "another world" capable of reflecting about the present, of using an extremely spectacular visionary and fantastic language which is also rooted in critical reflection on the present, on the mechanisms of the production, diffusion and use of images, which are never innocent, however ingeniously they may pretend to be.

[1] *Artforum*, *Photography* issue, vol. 15, no. 1, September 1976.

[2] M. Fineman, *Faking It: Manipulated Photography before Photoshop*, New York, Metropolitan Museum of Art, 2012; H. Kingsley, *Seduced by Art - Photography Past and Present*, London, National Gallery Company, 2013; S. Baker, F. Moran, *Performing for the Camera*, London, Tate Publishing, 2016.

[3] A. D. Coleman, "The Directorial Mode – Notes Toward a Definition", in *Artforum*, *Photography* issue, September 1976, pp. 55–60.

[4] Basically, all general overviews of the phenomenon return to this scheme, with very few differences, as can be seen in the introductory texts to the previously mentioned books by Erin Garcia and Martha Weiss.

[5] N. Foote, "The Anti-Photographer", in *Artforum*, *Photography* issue, September 1976, pp. 46–54.

[6] D. Crimp, "Pictures", in *October*, vol. 8, Spring 1979, pp. 75–88 (consulted in https://www.jstor.org/stable/778227). Regarding the overall development of the Pictures Generation see D. Eklund, *The Pictures Generation, 1974–1984*, New York / New Haven and London, The Metropolitan Museum of Art / Yale University Press, 2009.

[7] J. Fontcuberta, "Finzioni documentali", in *La (foto)camera di Pandora*, Rome, Contrasto, 2012, pp. 111–117 (ed. or. *La camara de Pandora*, Barcelona, Editorial Gustavo Gili, 2010).

[8] The best and most updated overview on this tendency is undoubtedly D.R. McFadden's *Otherworldly. Optical Delusions and Small Realities*, Channel Photographics, 2011.

[9] From the early 1980s, Fried dedicated numerous texts to Wall, but here we refer to the overall ideas present in *Why Photography Matters as Art as Never Before*, New Haven, Yale University Press, 2008.

[10] See the following observation by the artist: "Advertising and cinema rearticulate this system of meaning and in doing so reaffirm (maybe by negation) the inherent links between high art, with its critical outlook, and the manipulation of the consumer audience in the commercial spectacle." J. Wall, *The Destroyed Room, Picture for Women*, in M. McClintic (ed.), *Directions 81*, exhibition catalogue, Washington, Smithsonian, 1981.

[11] *Encore. Reenactment in Contemporary Photography*, published online 2019, Los Angeles, The J. Paul Getty Museum, 2019 http://getty.edu/art/exhibitions/photo reenactment.

[12] On this subject, see the recent invaluable publication by F. Gualdoni, *Corpo delle immagini, immagini del corpo*, Monza, Johan and Levi, 2017.

OPERE
WORKS

Jeff Wall

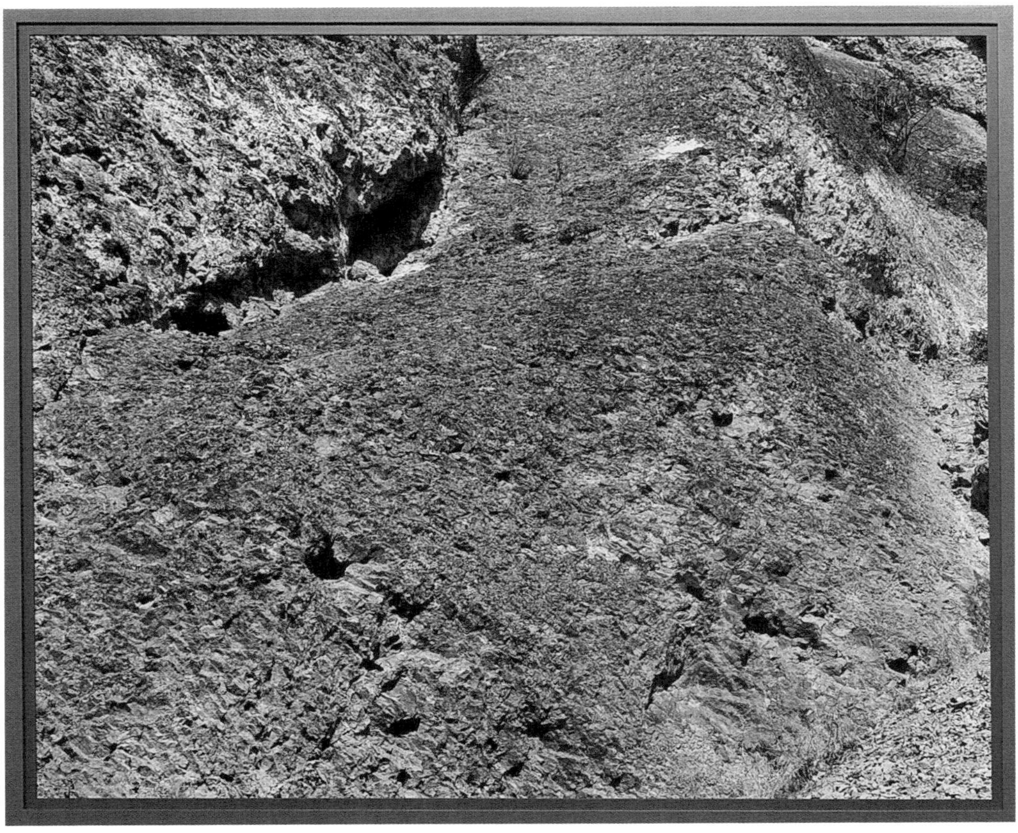

Rock Surface 1 and 2, 2007
stampa ai sali d'argento, due pannelli / gelatin silver print, two panels
134 × 162 cm ognuna / each
Courtesy Galleria Lorcan O'Neill, Roma

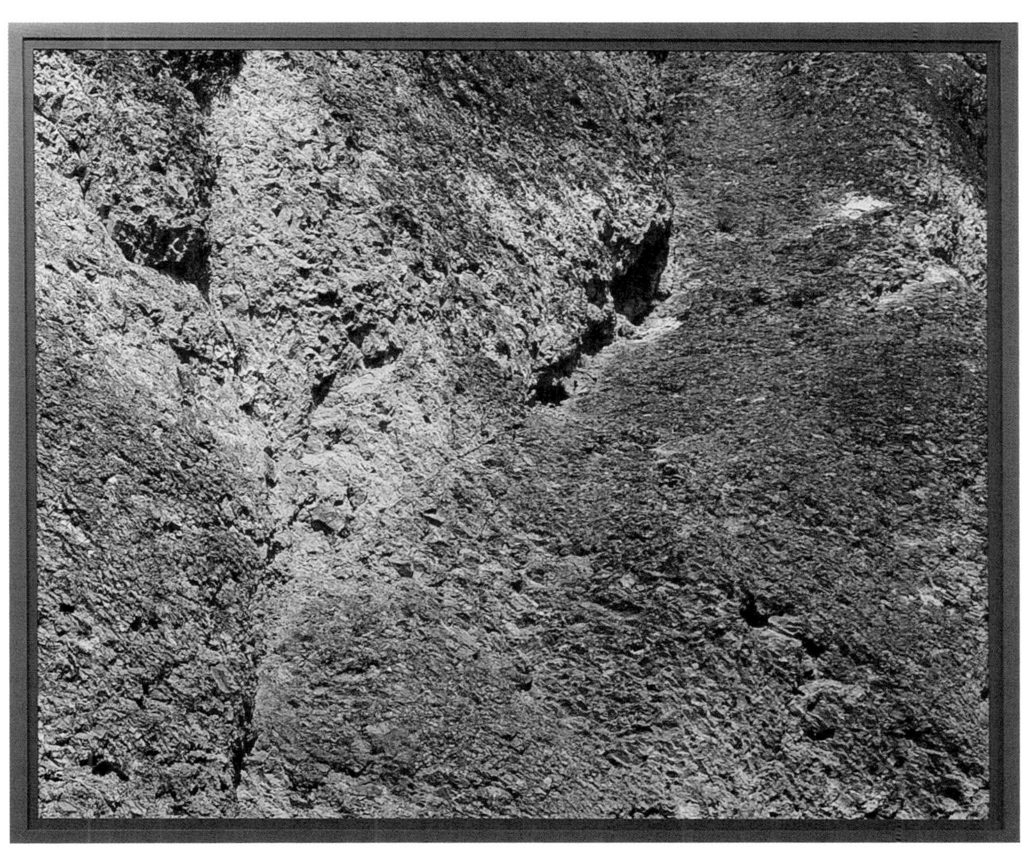

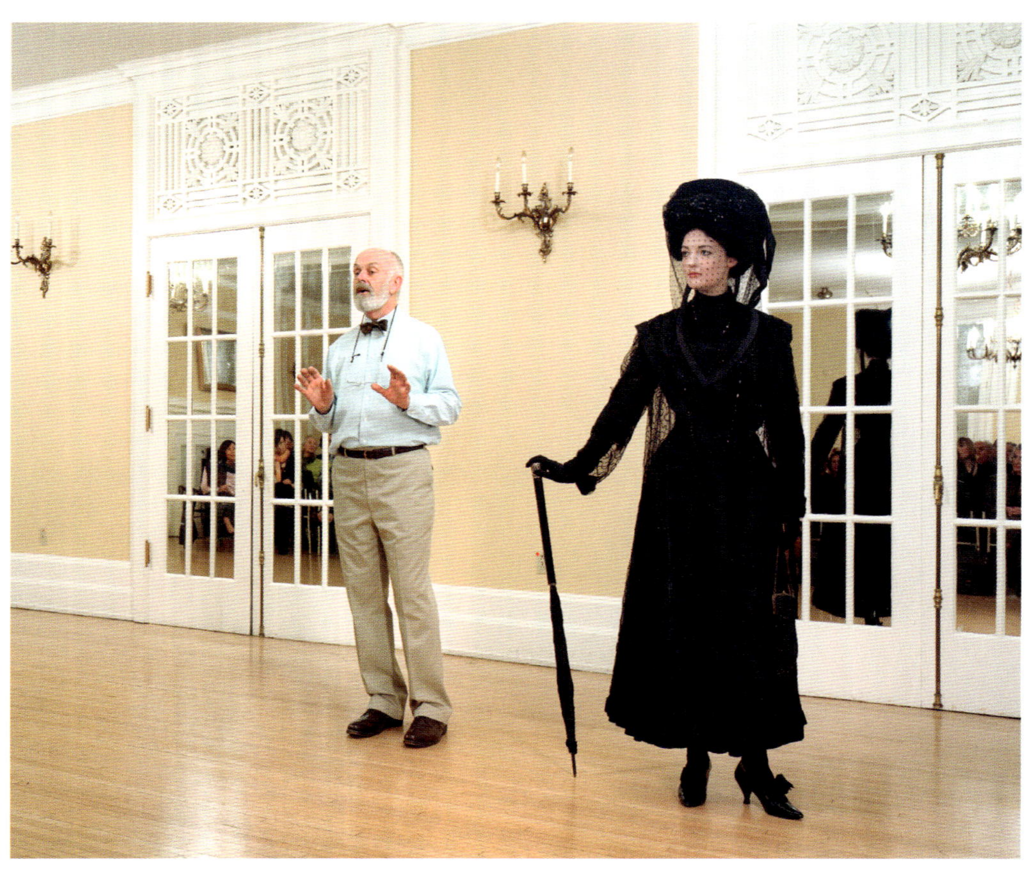

Ivan Sayers, costume historian,
lectures at the University Women's Club, 2009
fotografia a colori / colour photograph, 191 × 233 cm
Courtesy Galleria Lorcan O'Neill, Roma
(opera non in mostra / not on display)

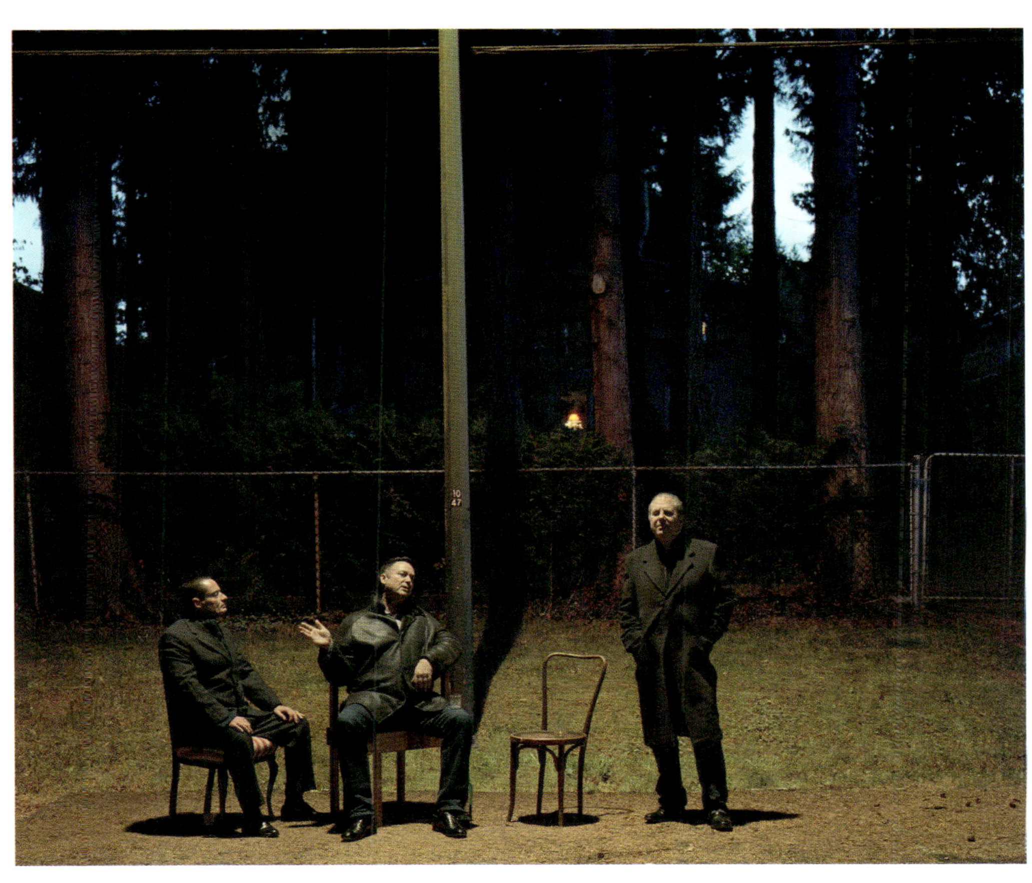

Monologue, 2013
fotografia a colori / colour photograph, 240 × 282 cm
Courtesy Galleria Lorcan O'Neill, Roma
(opera non in mostra / not on display)

Cindy Sherman

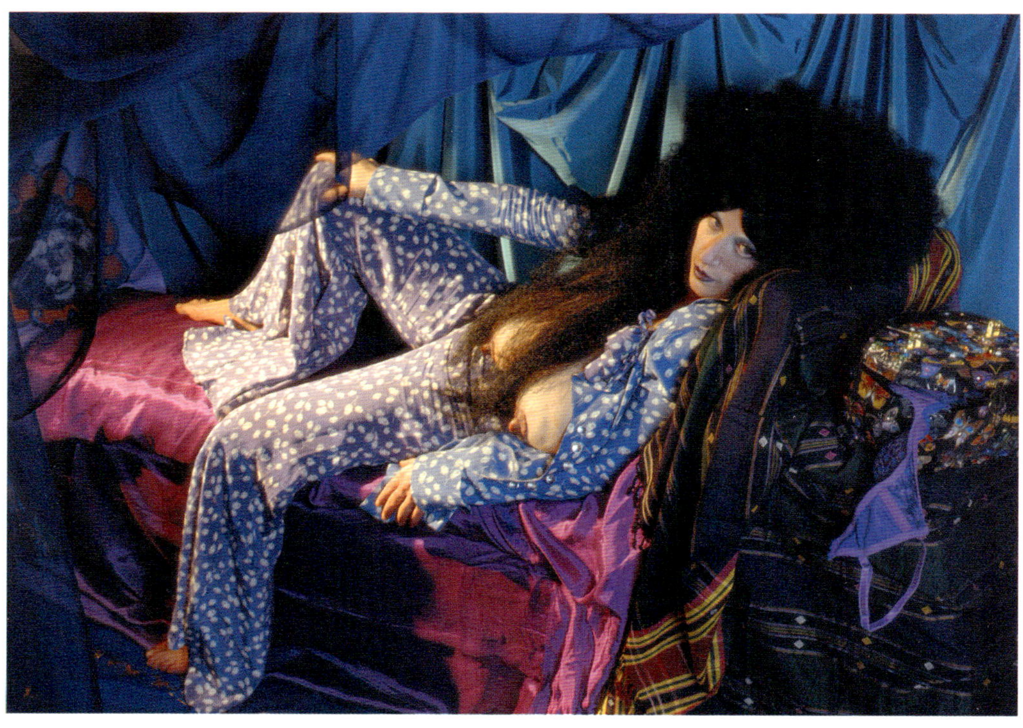

Untitled #275, 1993
c-print, 160 × 223,5 cm
Torino, Fondazione Sandretto Re Rebaudengo

Untitled #256, 1992
c-print, 175,7 × 117,5 cm
Torino, Fondazione Sandretto Re Rebaudengo

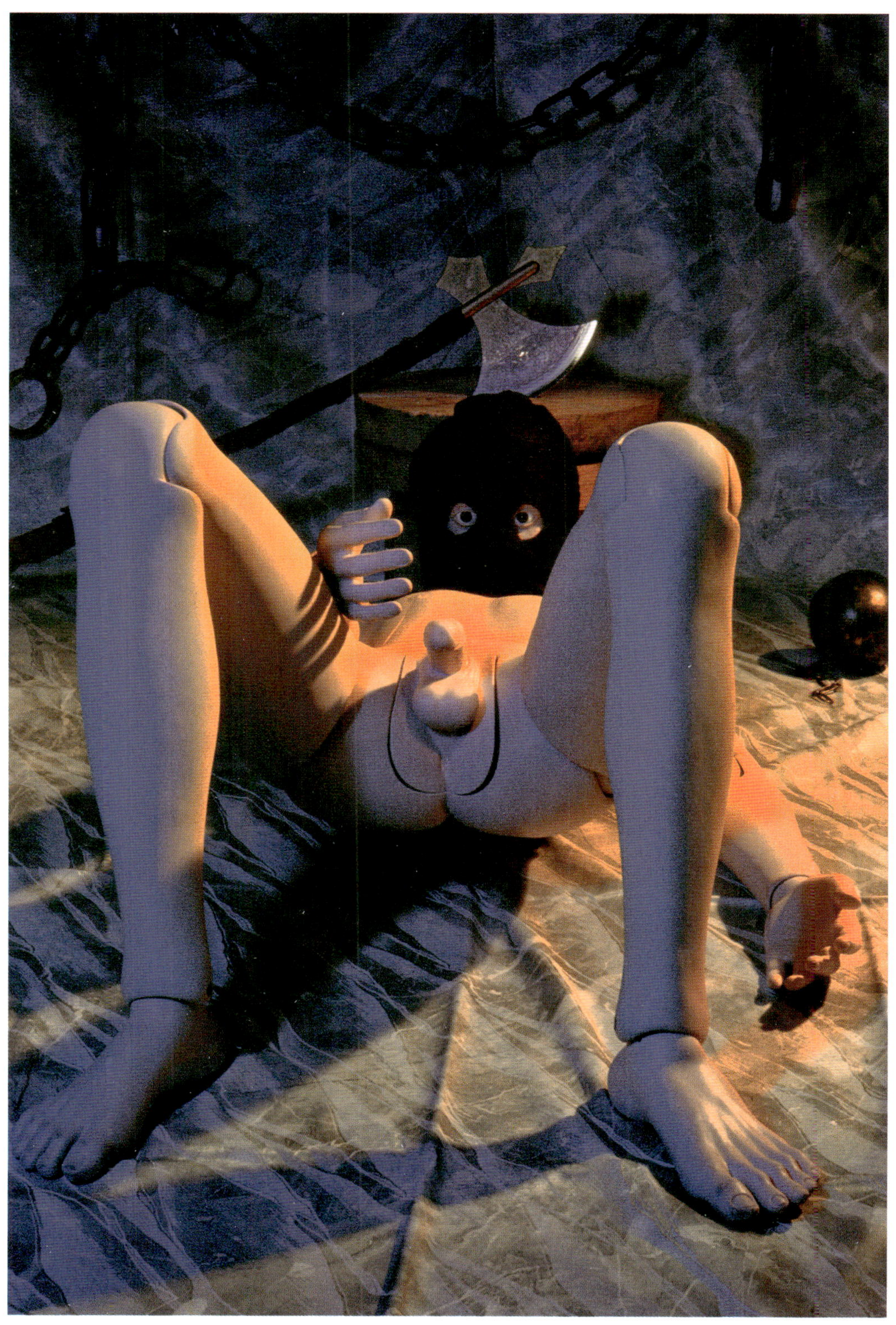

Luigi Ontani

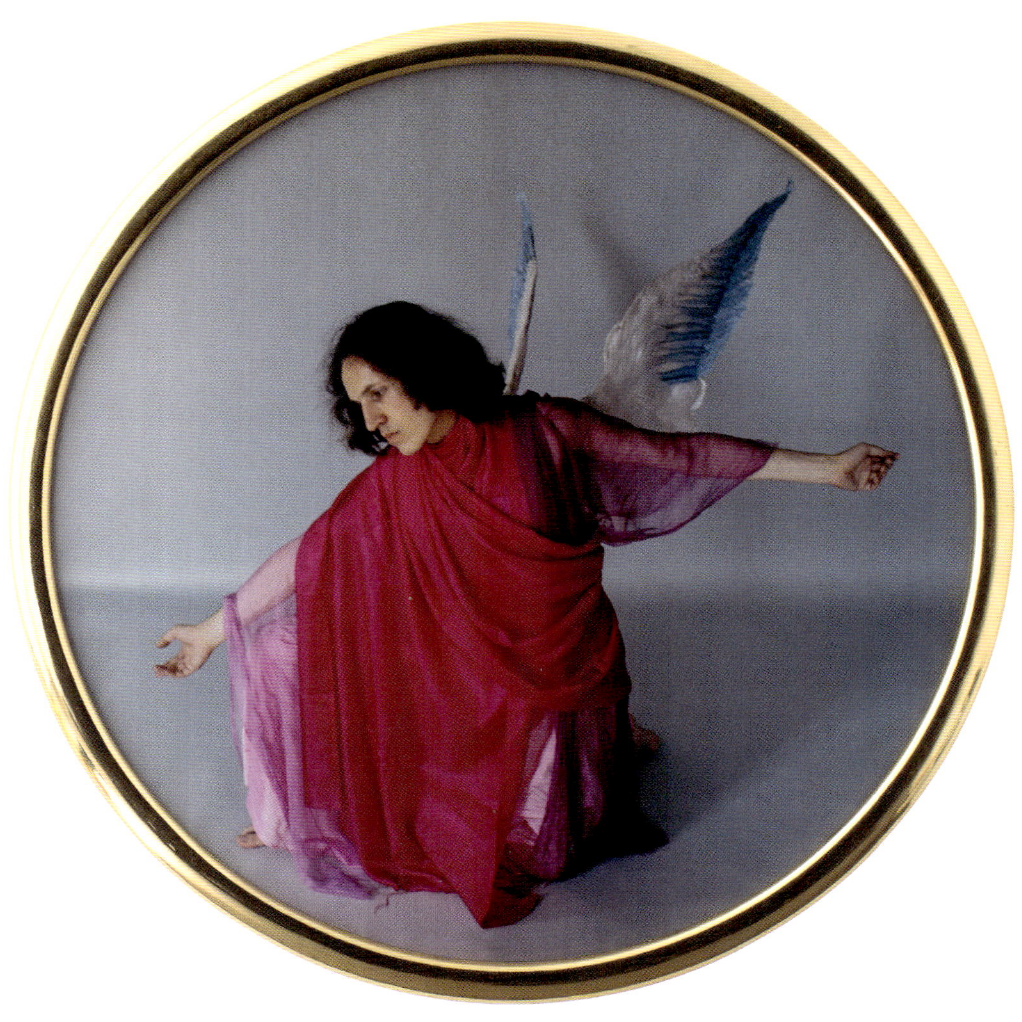

Angelo rivelato, 1975
c-print, diametro / diameter 125 cm
Courtesy Galleria Lorcan O'Neill, Roma
(opera non in mostra / not on display)

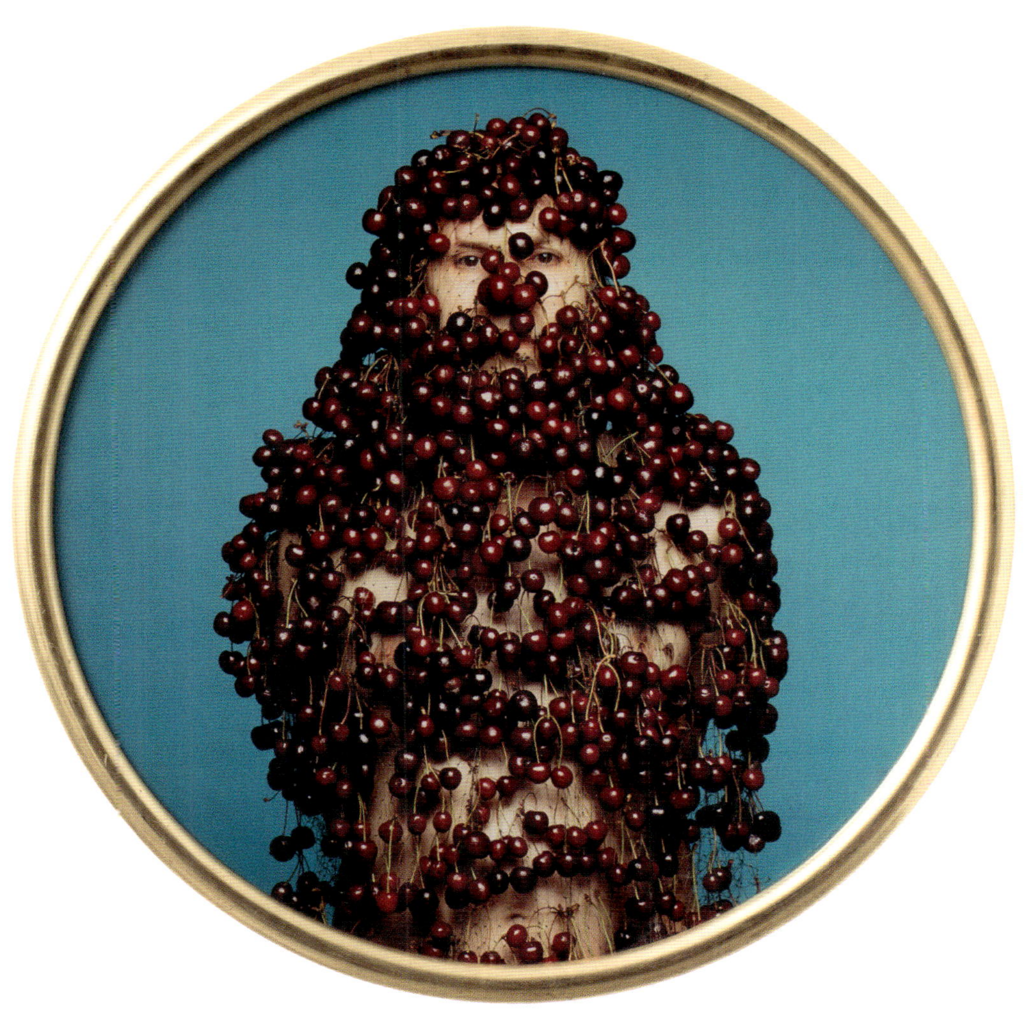

CiliElegia, 1999
c-print, diametro / diameter 105 cm
Courtesy Galleria Lorcan O'Neill, Roma
(opera non in mostra / not on display)

Sandy Skoglund

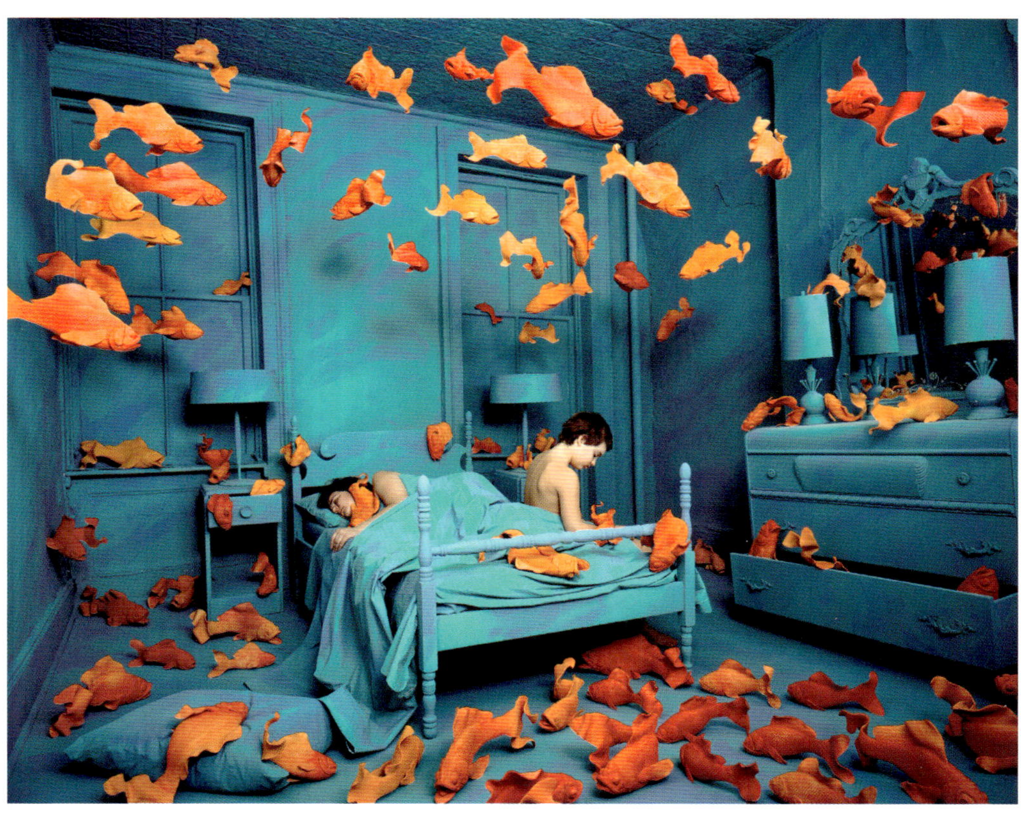

Revenge of the Goldfish, 1981
fotografia a colori d'archivio /
archival colour photograph, 88,9 × 69,2 cm
Courtesy Paci Contemporary Gallery, Brescia-Porto Cervo

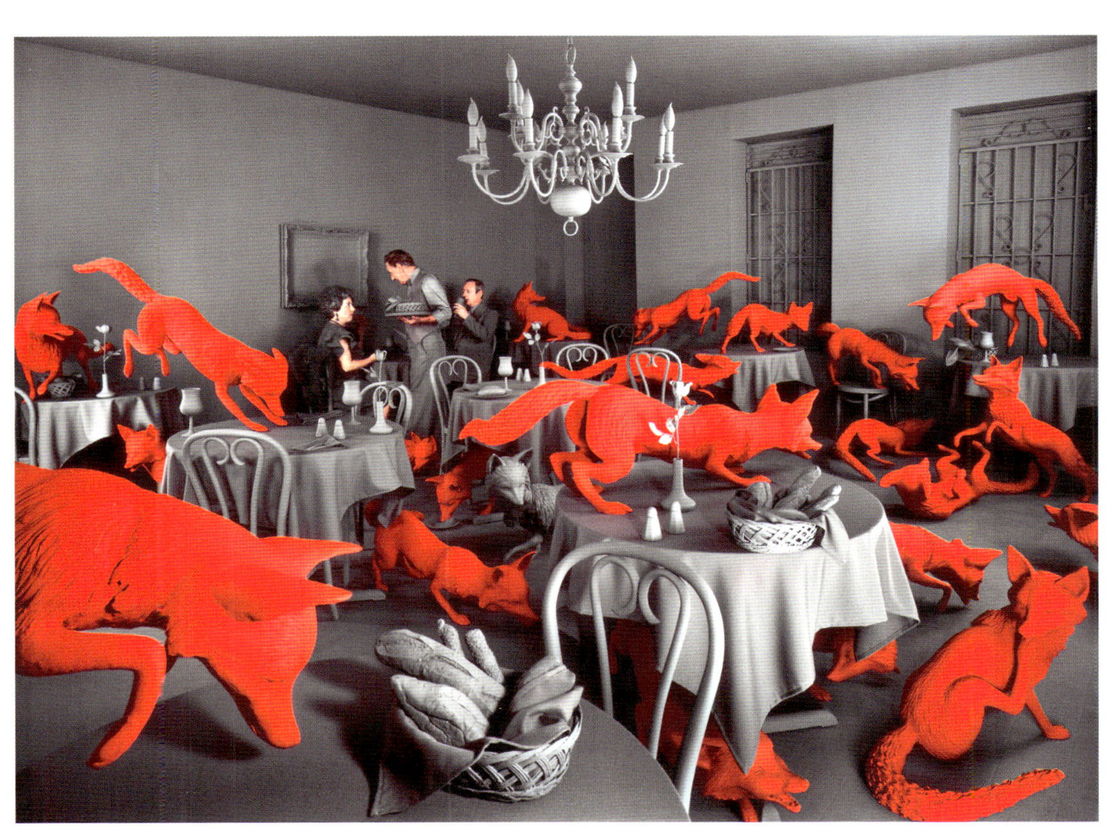

Fox Games, 1989
fotografia a colori d'archivio /
archival colour photograph, 117 × 150 cm
Courtesy Pac Contemporary Gallery, Brescia-Porto Cervo

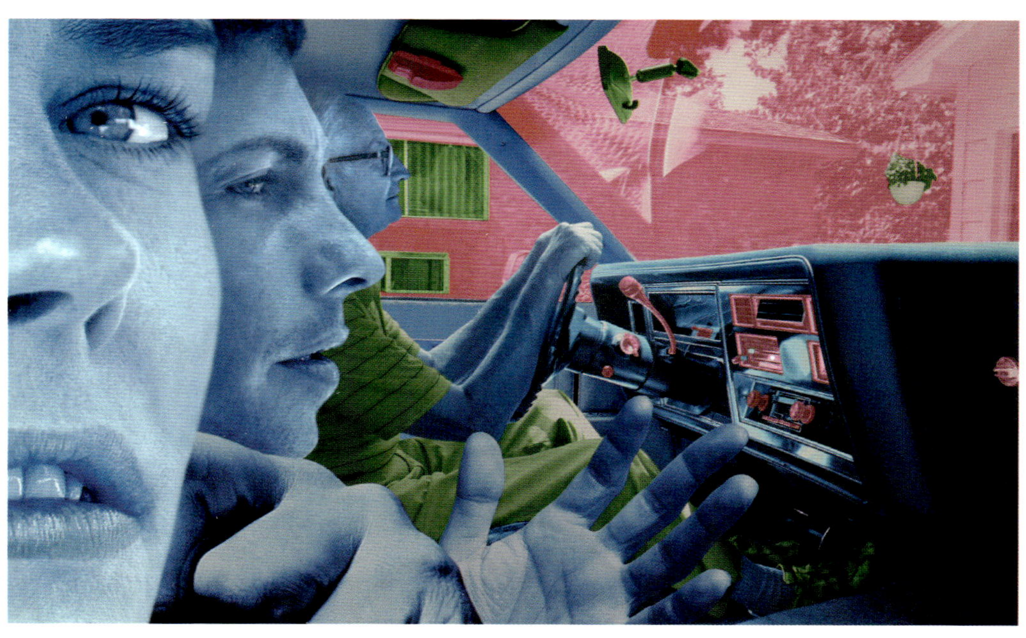

da / from **True Fiction Two**, (1986-2004)
fotografia a colori d'archivio /
archival colour photograph, 25 × 62,5 ognuna / each
Courtesy Paci Contemporary Gallery, Brescia-Porto Cervo

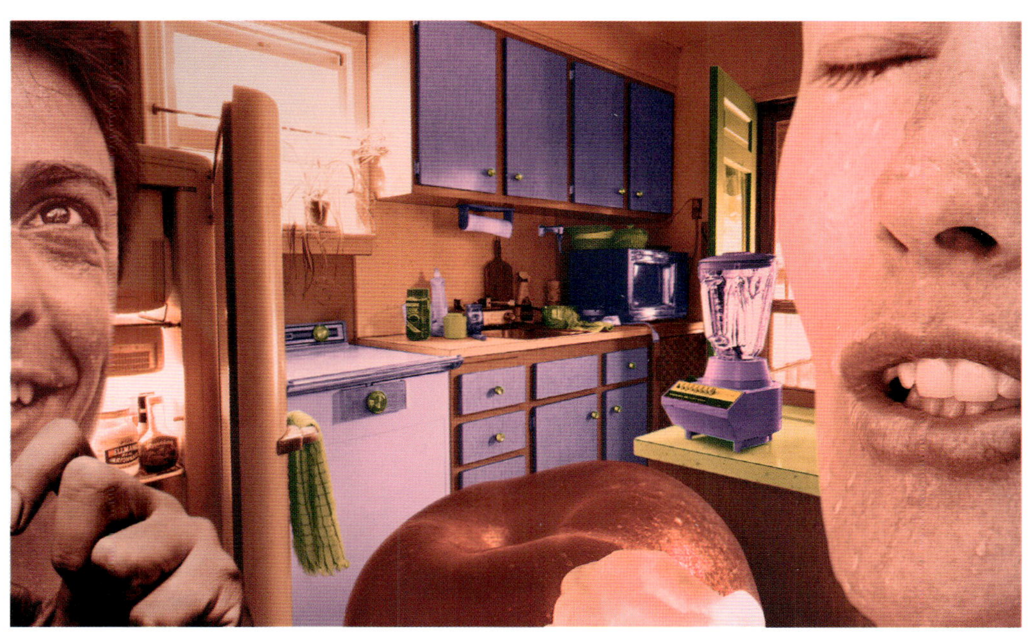

Eileen Cowin

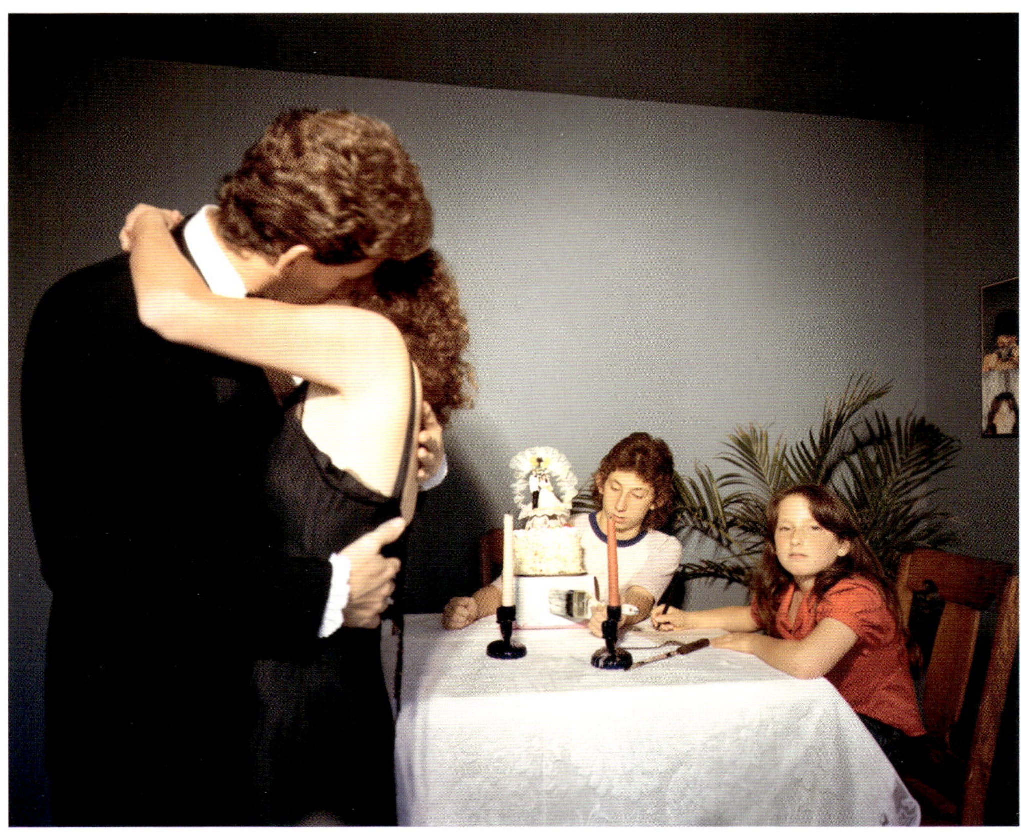

dalla serie / from the series **Family Docudrama**, 1980-1983
digital c-print, 50,8 × 61 cm ognuna / each
Courtesy dell'artista / the artist

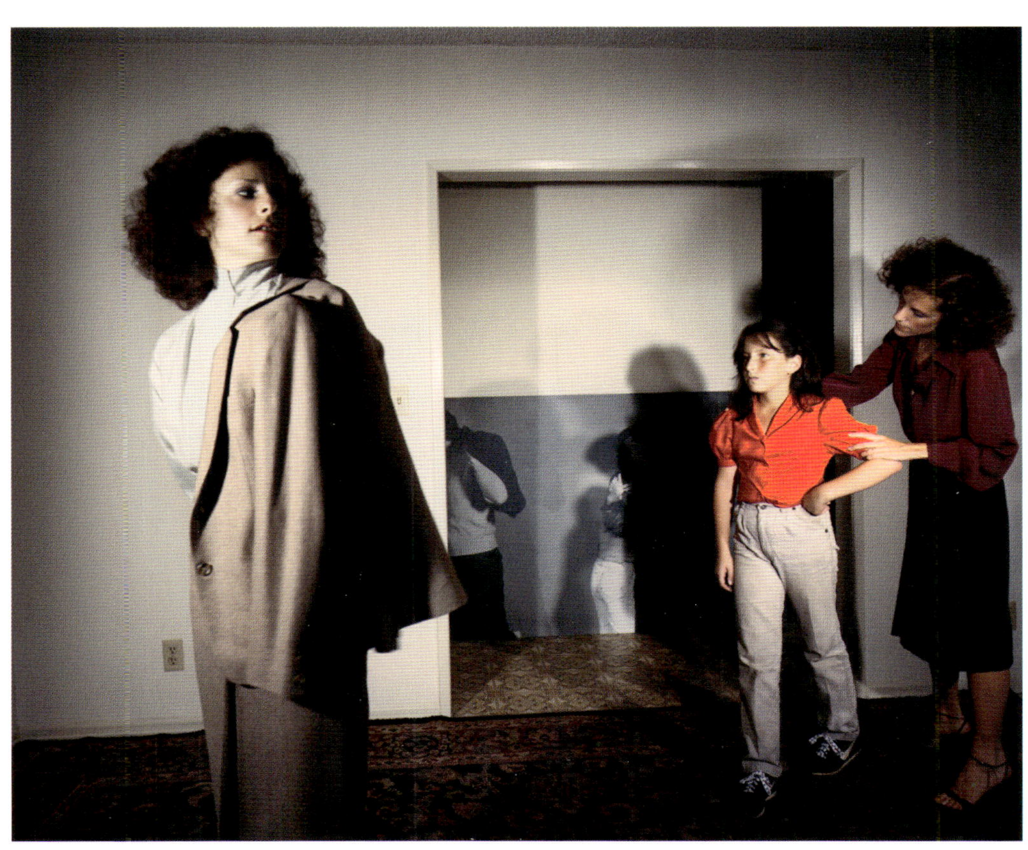

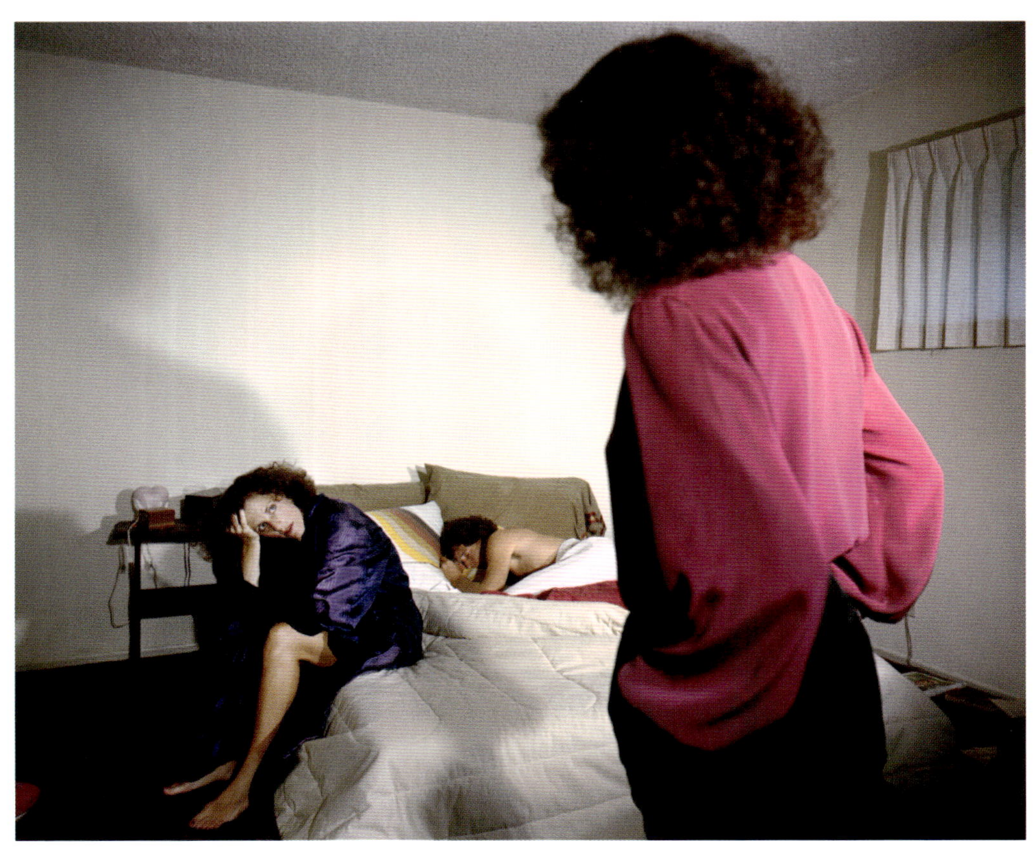

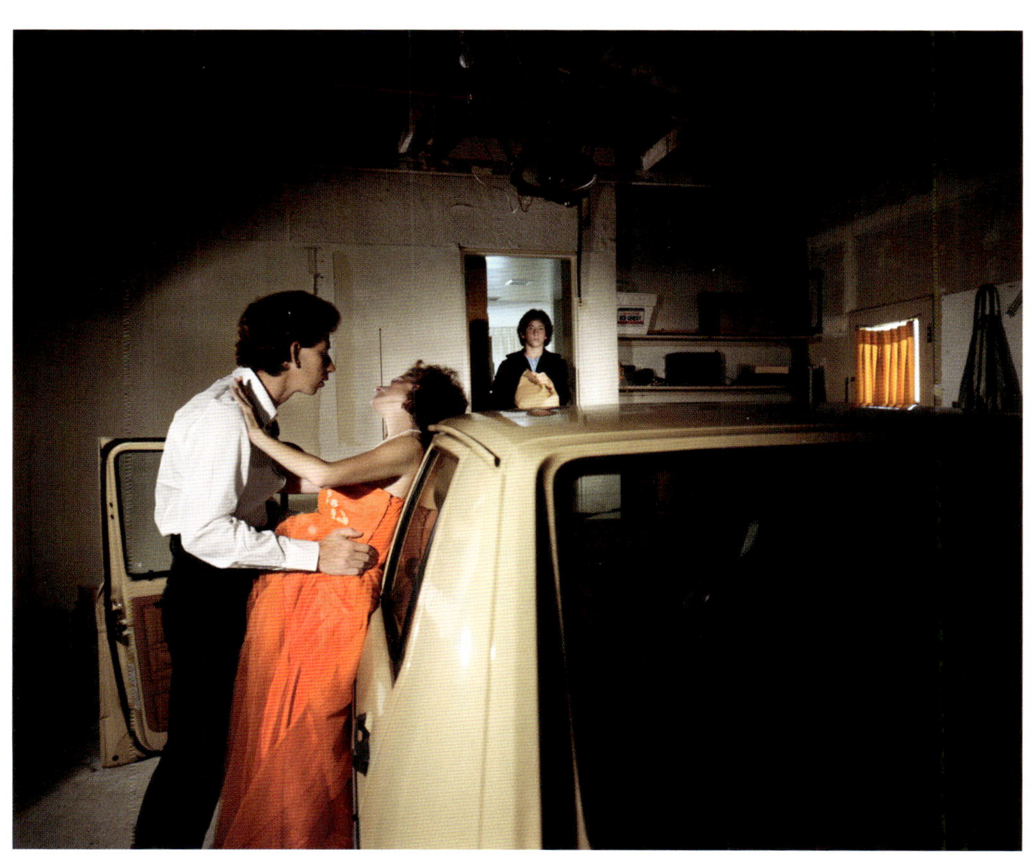

Bruce Charlesworth

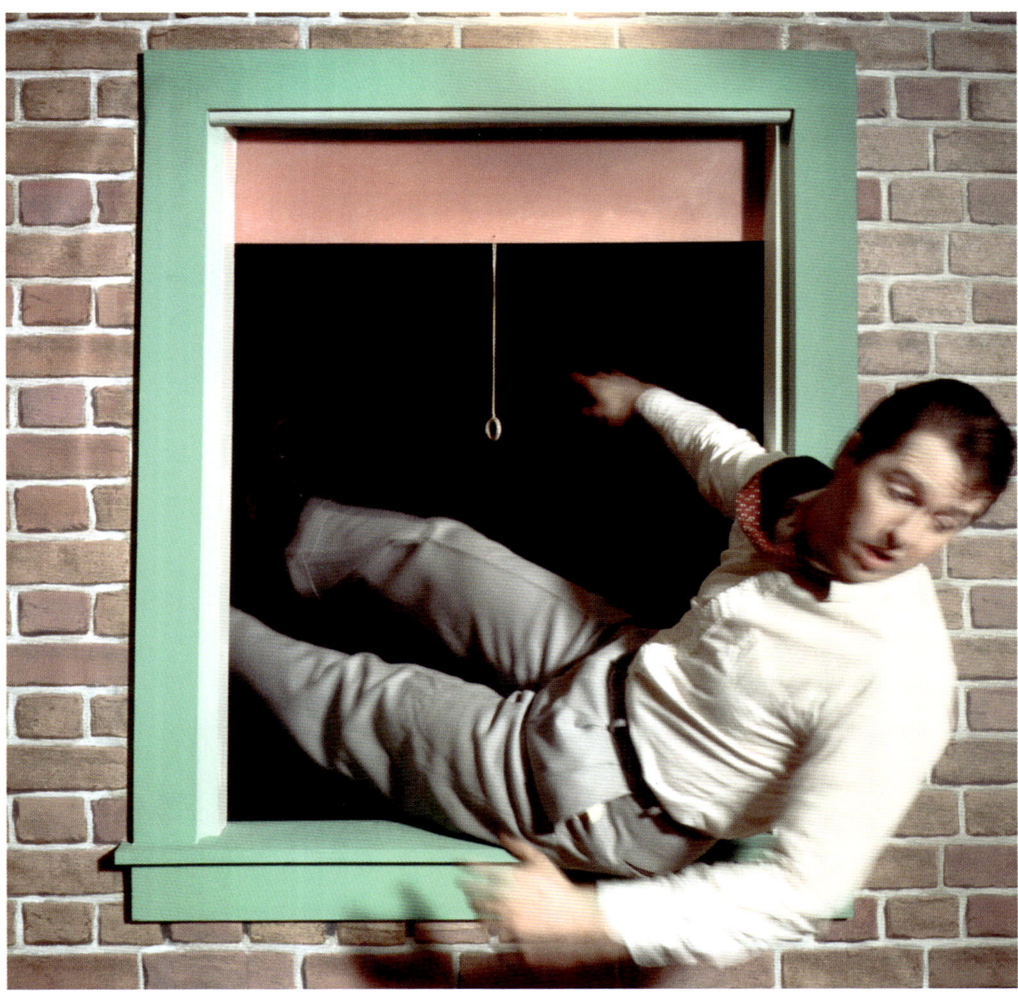

#6 dalla serie / from the series **Trouble**, 1983
c-print, 40,5 × 40,5 cm
Courtesy dell'artista / the artist

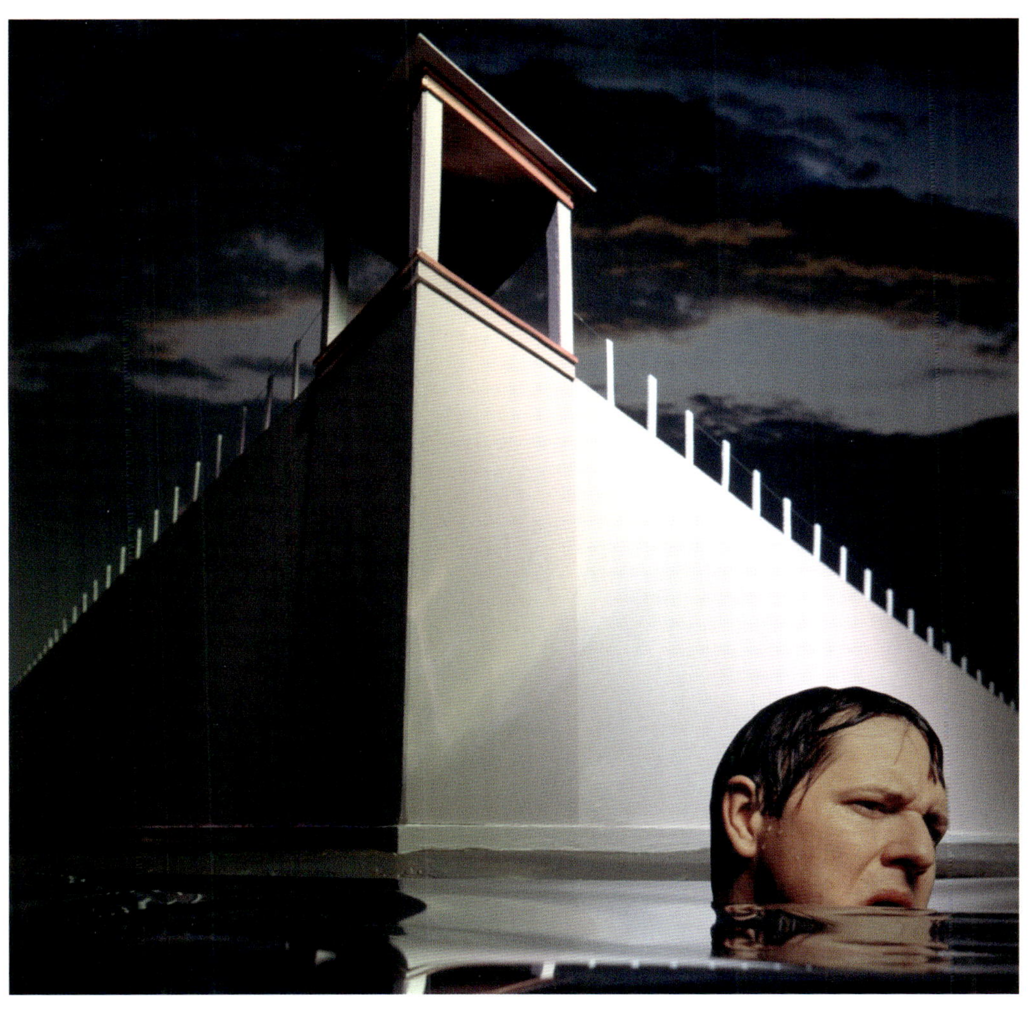

#14 dalla serie / from the series **Trouble**, 1983
c-print, 40,5 × 40,5 cm
Courtesy dell'artista / the artist

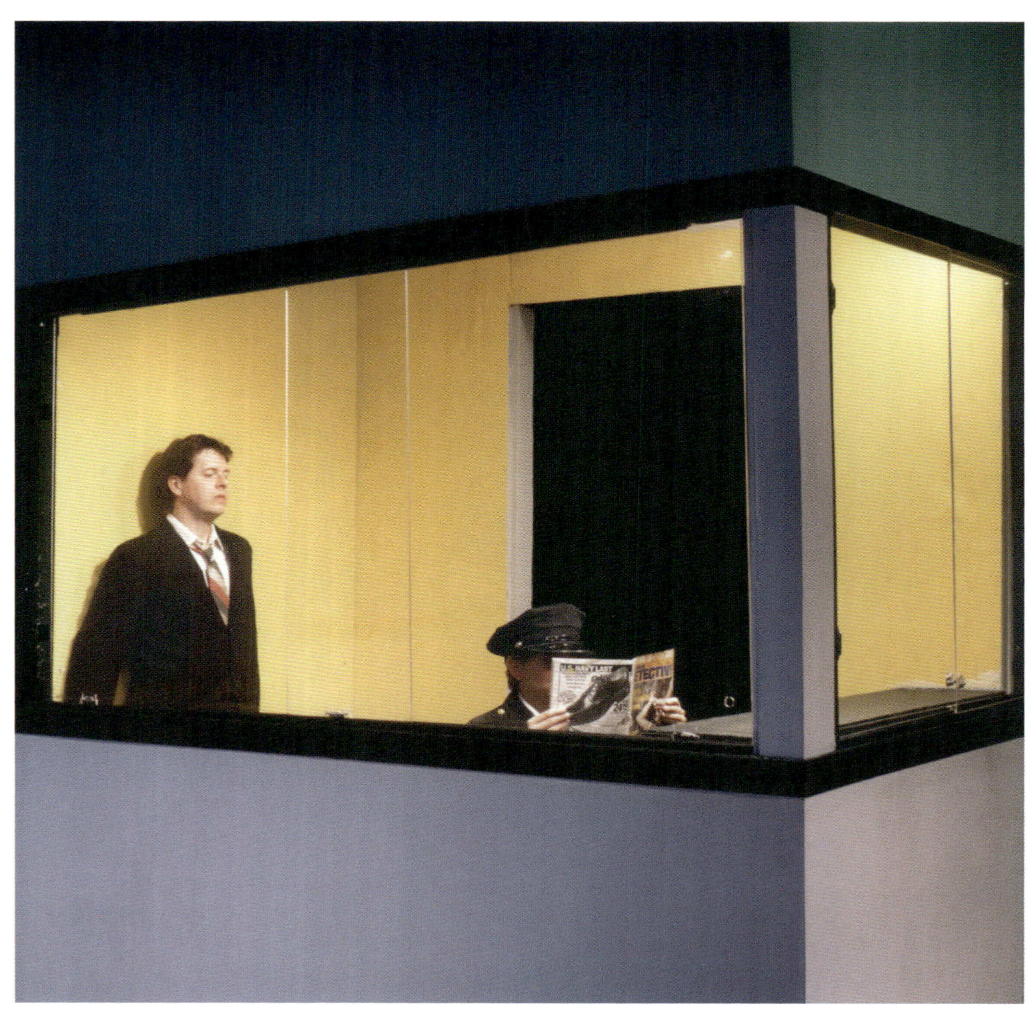

#16 dalla serie / from the series **Fate**, 1984
stampa cibachrome / cibachrome print, 40,5 × 40,5 cm
Courtesy dell'artista / the artist

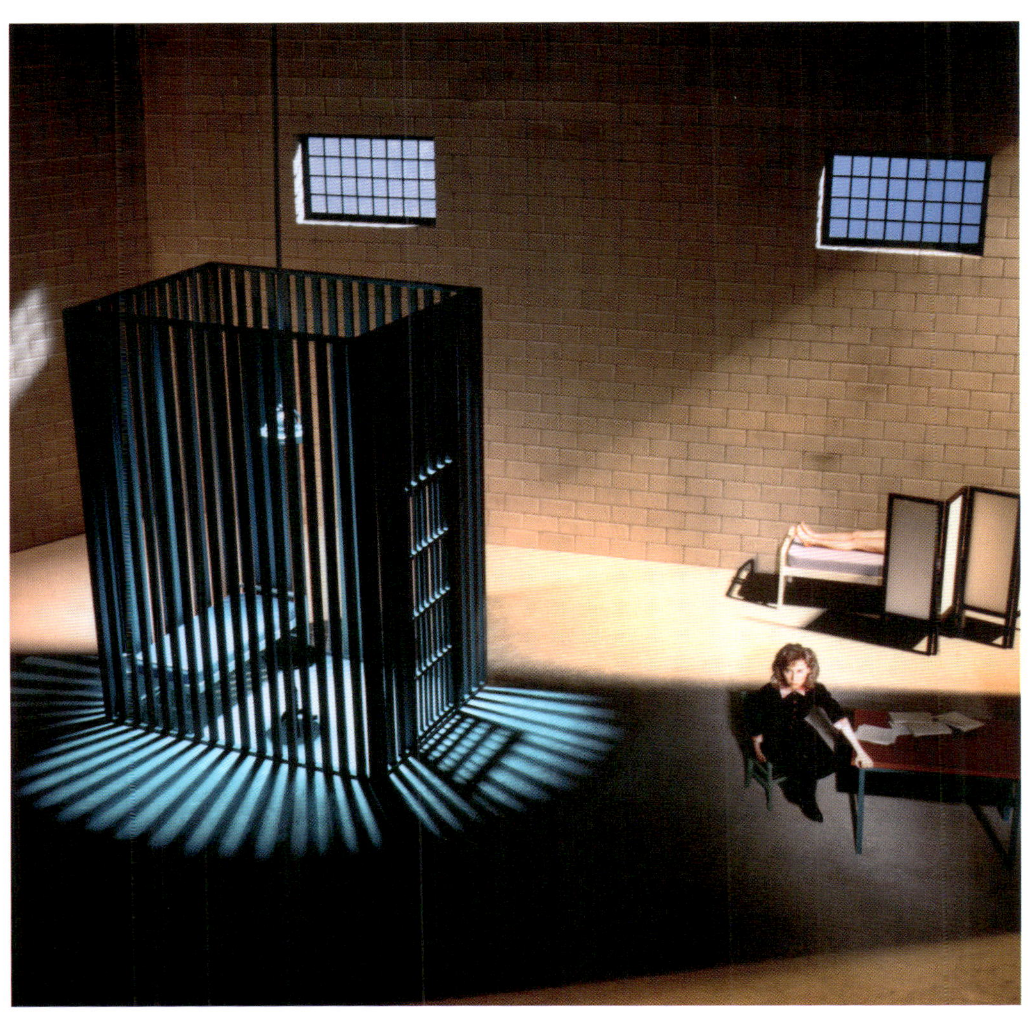

#39 dalla serie / from the series **Man and Nature**, 1988
stampa cibachrome / cibachrome print, 40,5 × 40,5 cm
Courtesy dell'artista / the artist

Nic Nicosia

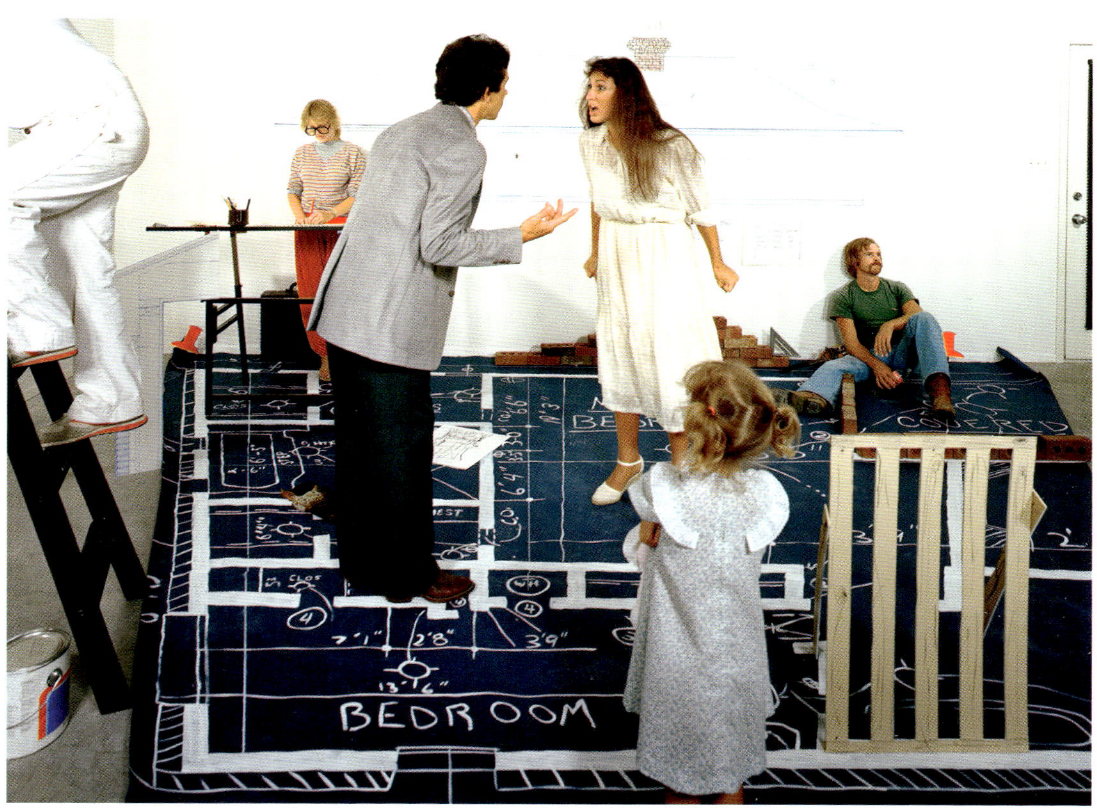

Domestic Drama #4, 1982
stampa a getto d'inchiostro d'archivio /
archival inkjet print, 106,7 × 132 cm
Courtesy dell'artista / the artist e/and Erin Cluley Gallery, Dallas, Texas

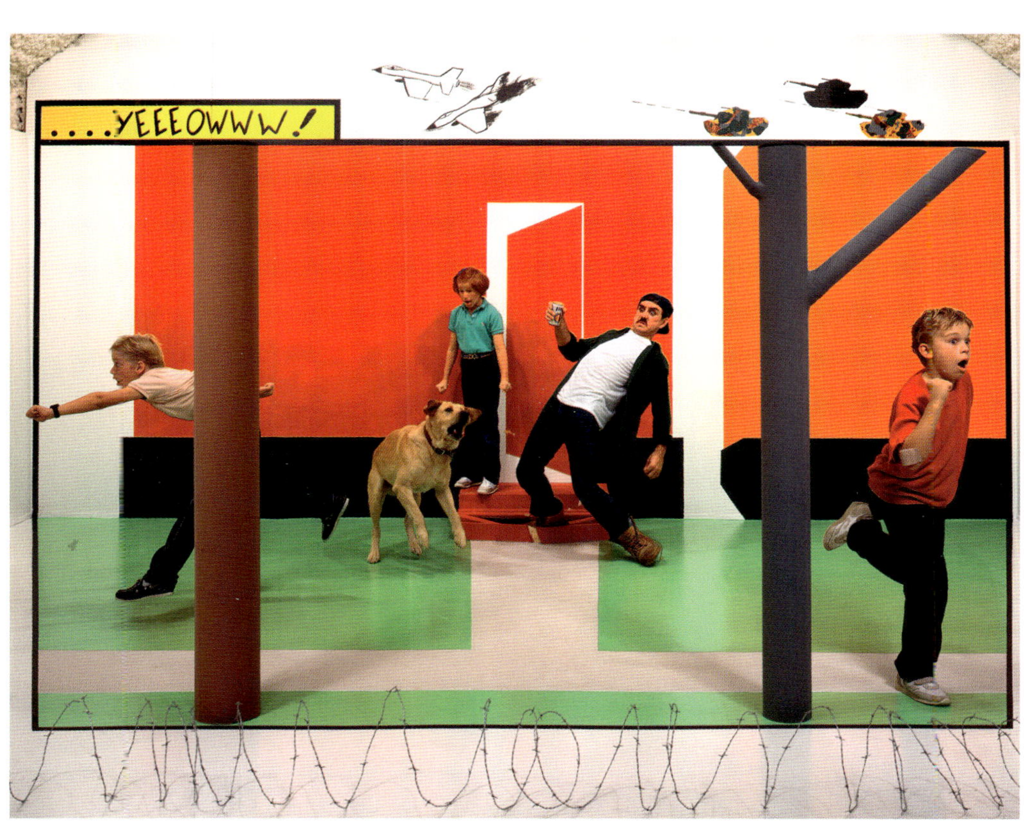

Near (modern) Disaster #7, 1983
stampa a getto d'inchiostro d'archivio /
archival inkjet print, 106,7 × 132 cm
Courtesy dell'artista / the artist e/and Erin Cluley Gallery, Dallas, Texas

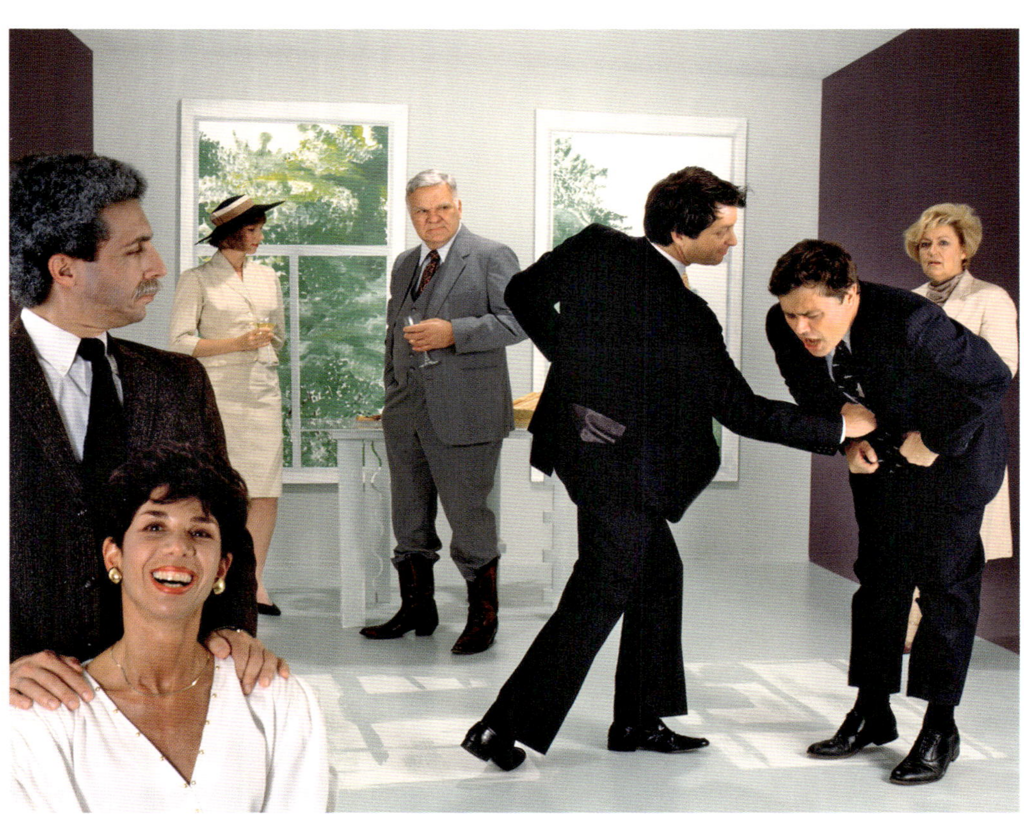

Violence, 1986
stampa a getto d'inchiostro d'archivio /
archival inkjet print, 106,7 × 121 cm
Courtesy dell'artista / the artist e/and Erin Cluley Gallery, Dallas, Texas

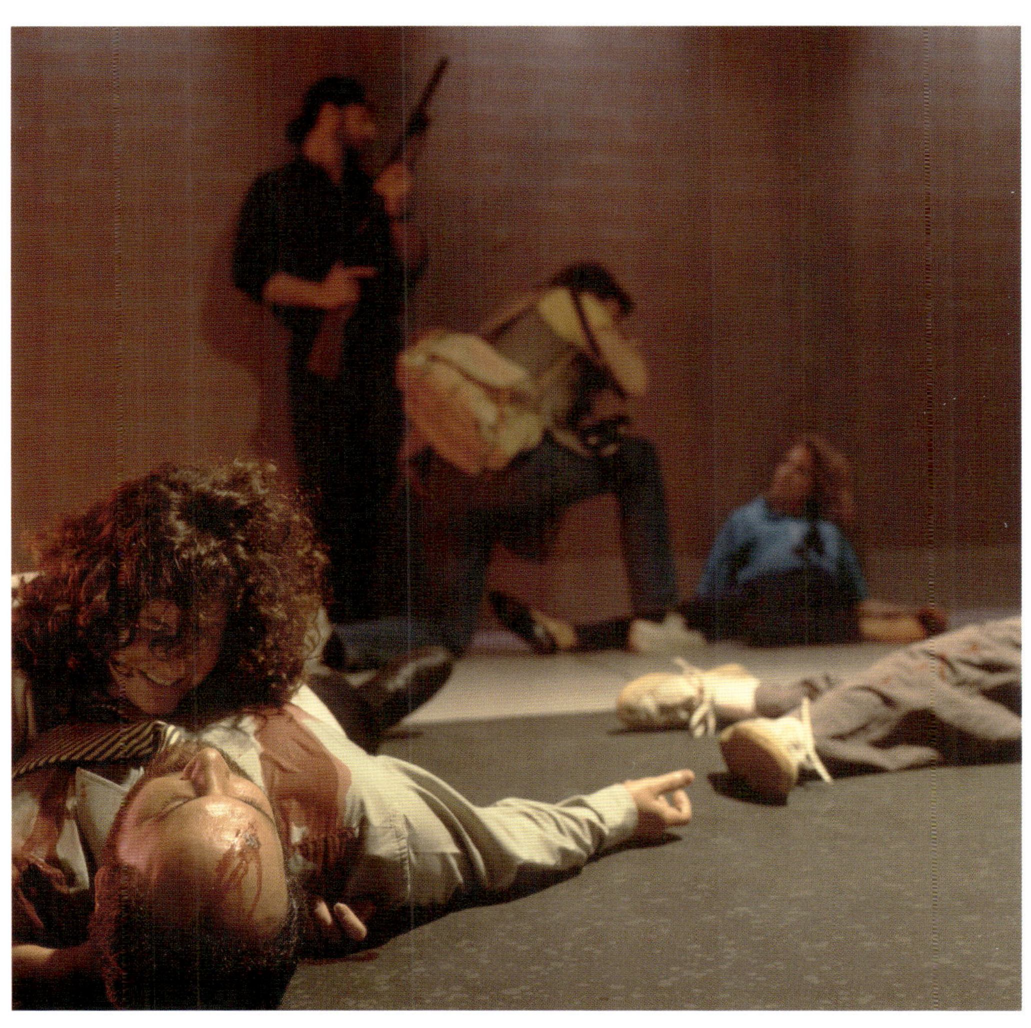

Like Photojournalism, 1986
stampa a getto d'inchiostro d'archivio /
archival inkjet print, 106,7 × 106,7 cm
Courtesy dell'artista / the artist e/and Erin Cluley Gallery, Dallas, Texas

Bernard Faucon

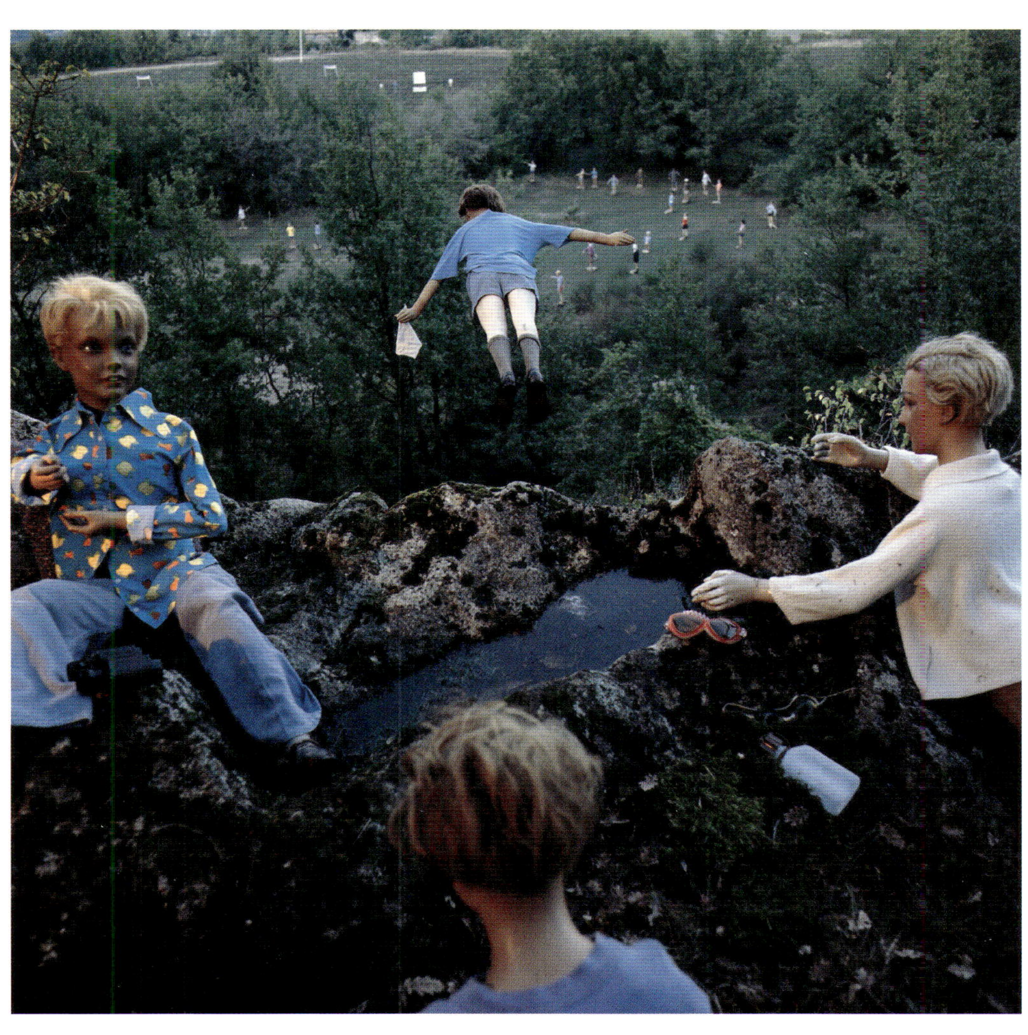

L'Enfant qui vole, 1979
stampa Fresson / Fresson print, 30 × 30 cm
Courtesy Paci Contemporary Gallery, Brescia-Porto Cervo

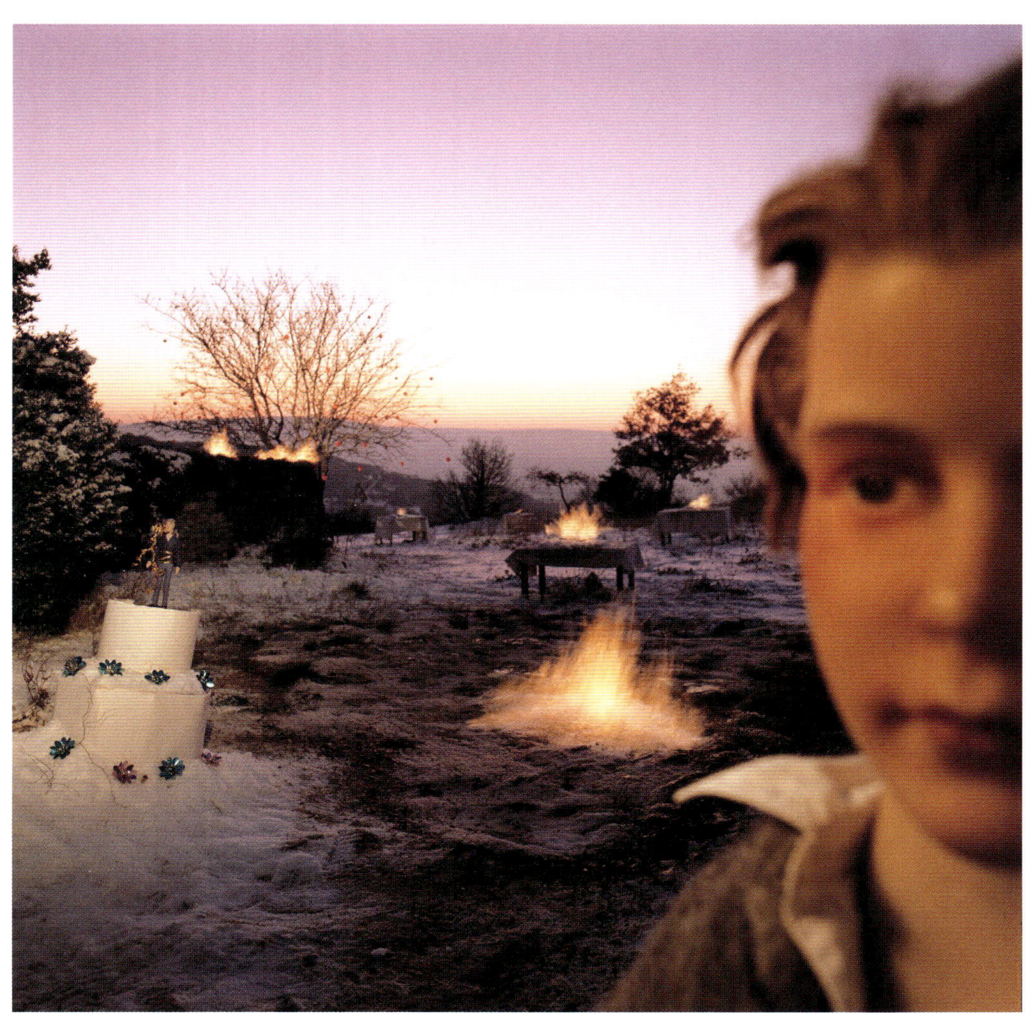

La Neige qui brûle, 1981
stampa Fresson / Fresson print, 60 × 60 cm
Brescia, collezione privata / private collection

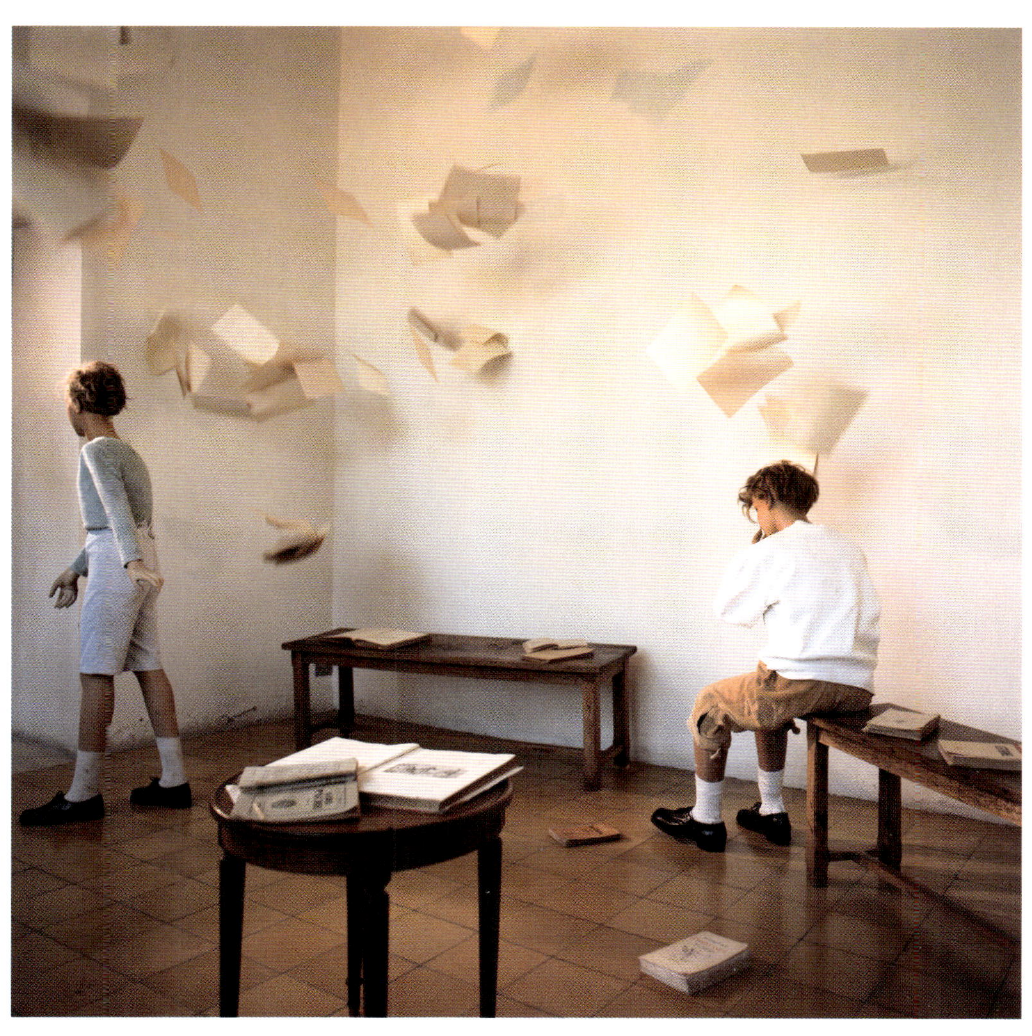

Les Papiers qui volent, 1980
stampa Fresson / Fresson print, 30 × 30 cm
Brescia, Collezione Molgora

Thomas Demand

Camping Tisch, 1999
c-print/diasec, 85 × 58 cm
Rovereto, Mart - Museo di arte moderna
e contemporanea di Trento e Rovereto,
deposito / depot Eredi Alessandro Grass

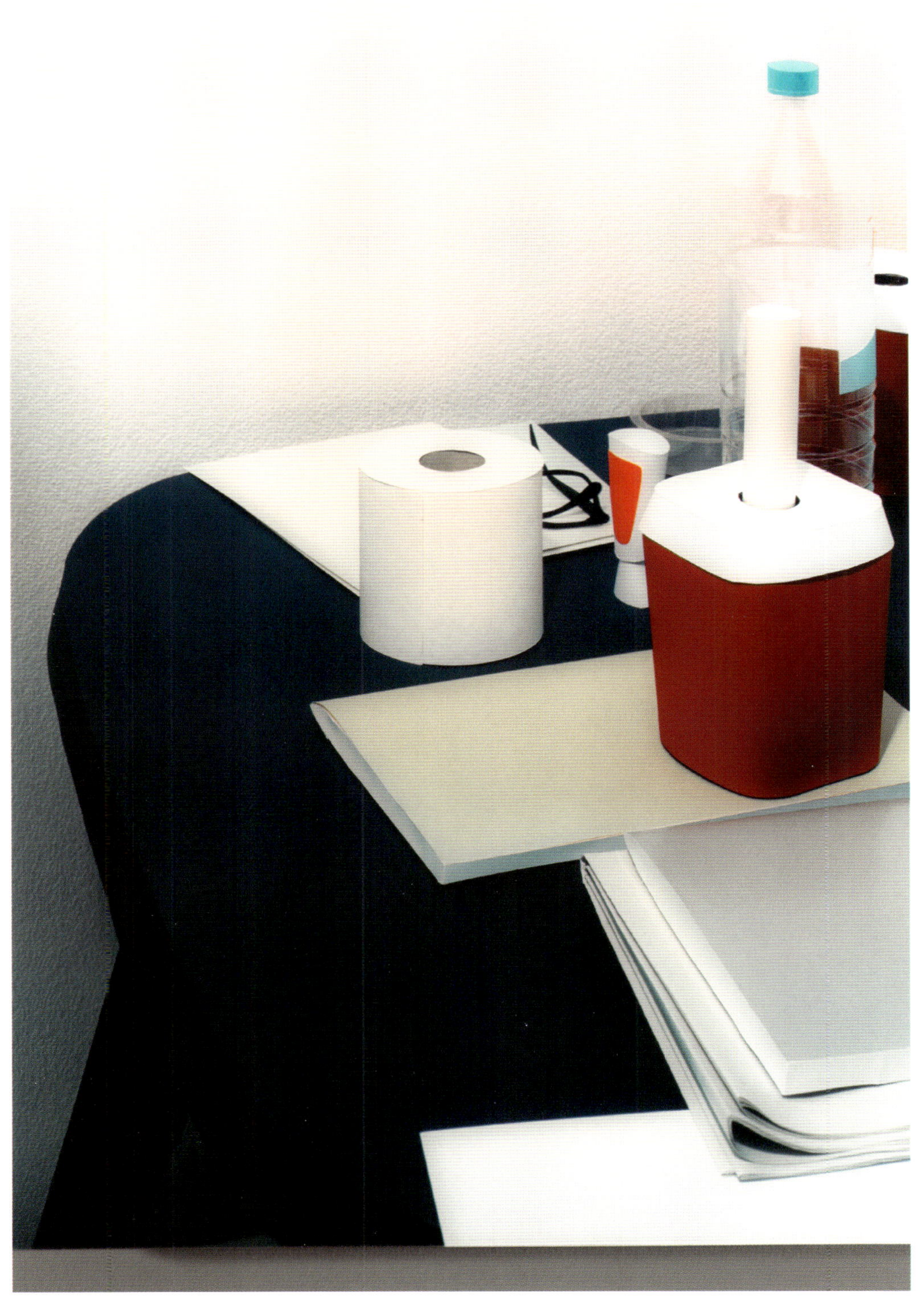

Laurie Simmons

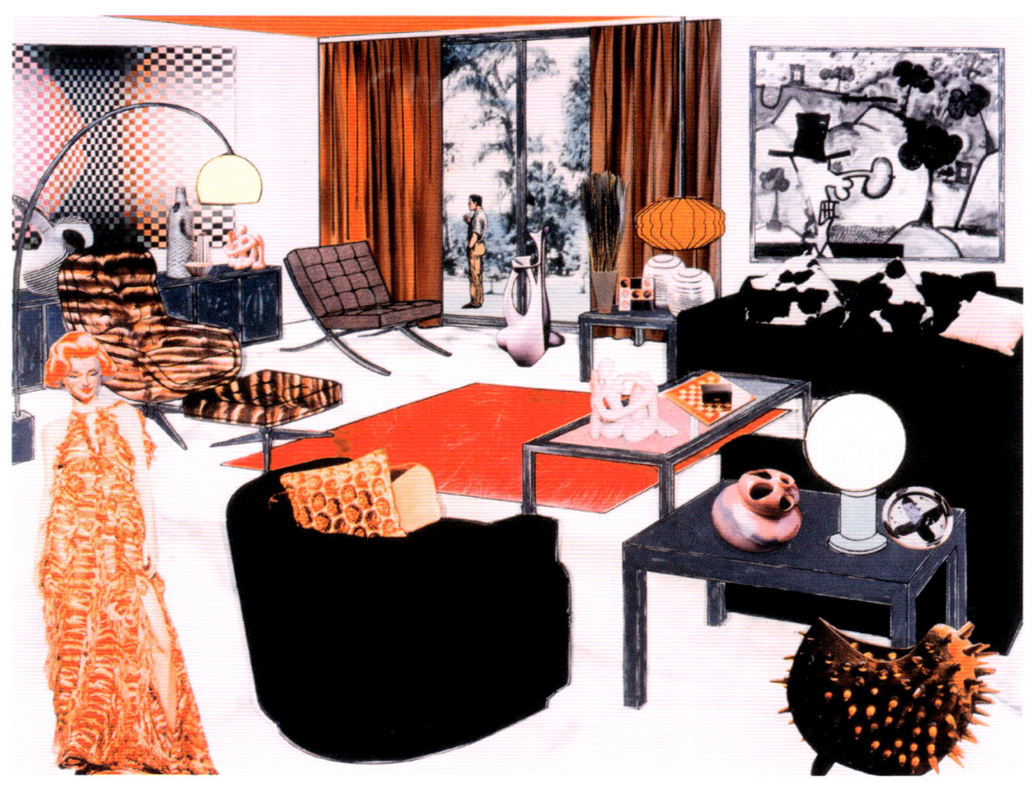

The Instant Decorator (Black and White Living Room), 2004
c-print pleximounted, 79 × 97 cm
Genova, Collezione Remotti

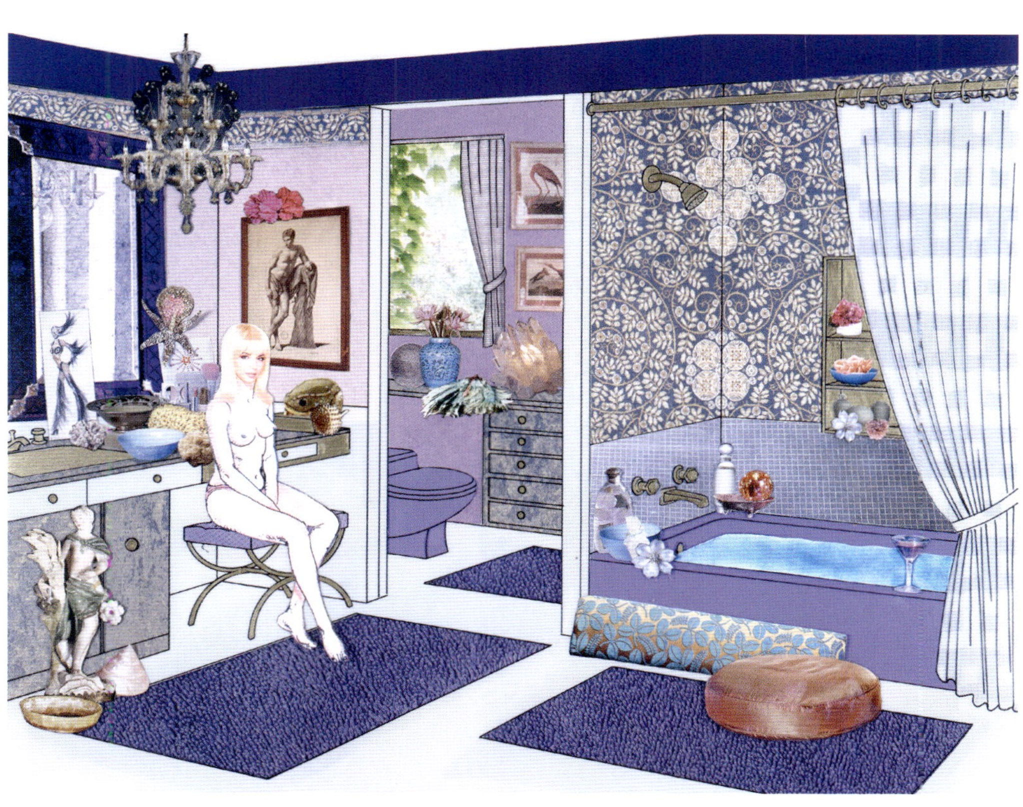

The Instant Decorator (Lavender Bathroom), 2004
stampa digitale flex / flex print, 76,2 × 101, 6 cm
Torino, collezione privata / private collection

David Levinthal

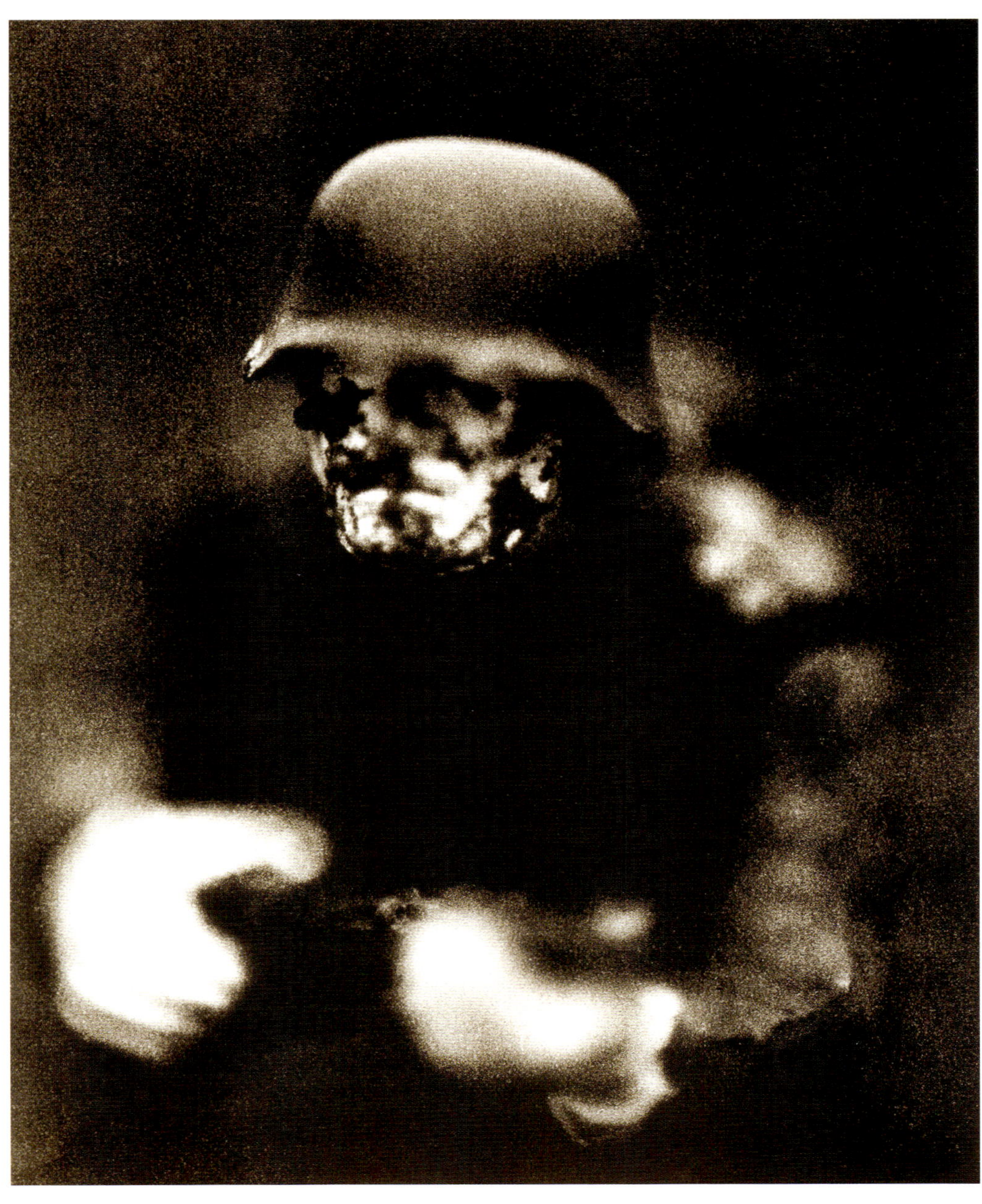

dalla serie / from the series **Hitler Moves East**, 1977
(stampata / printed 2019)
stampa ai pigmenti d'archivio / archival pigment print, 35 × 28 cm
Courtesy dell'artista / the artist

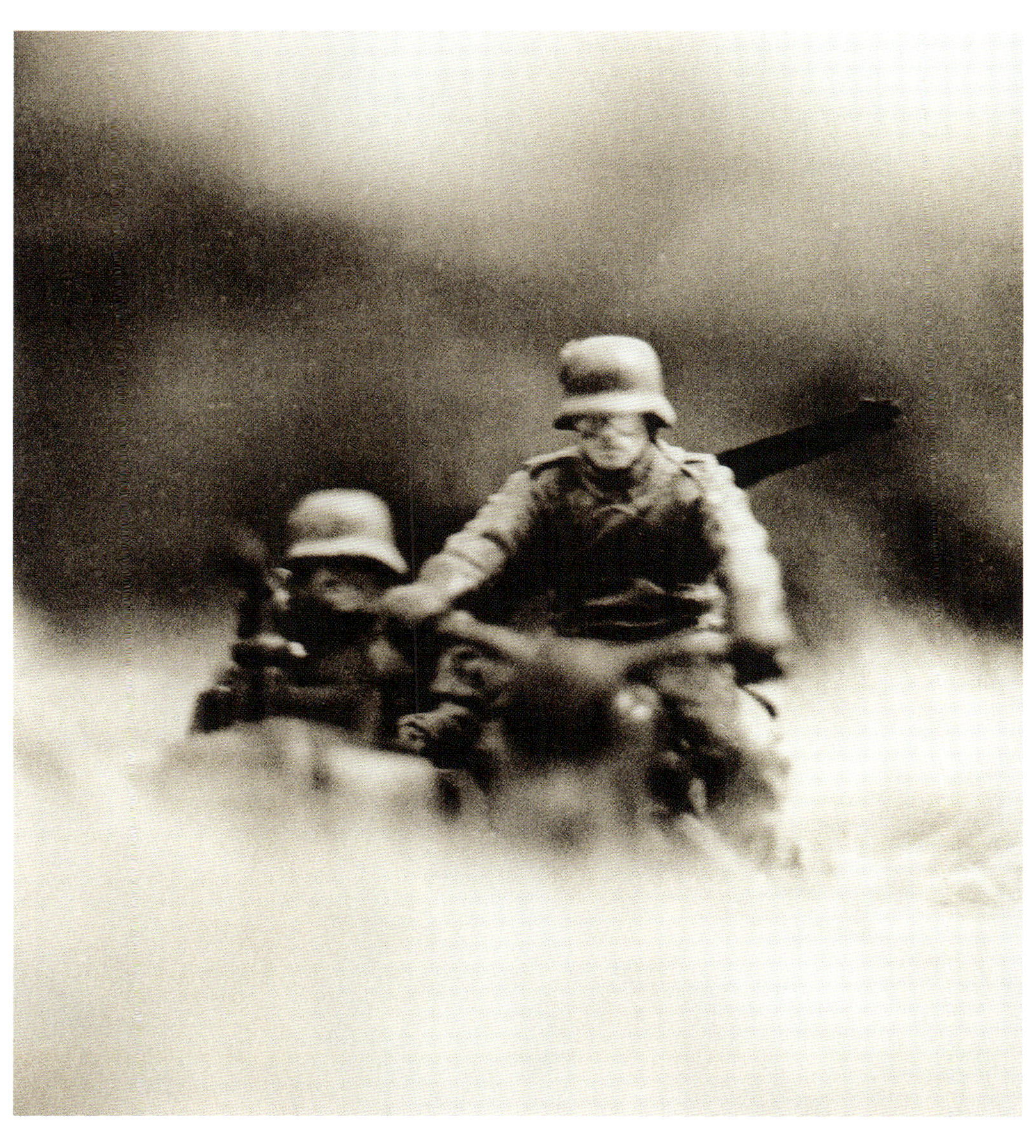

dalla serie / from the series **Hitler Moves East**, 1977
(stampata / printed 2019)
stampa ai pigmenti d'archivio / archival pigment print, 31 × 28 cm
Courtesy dell'artista / the artist

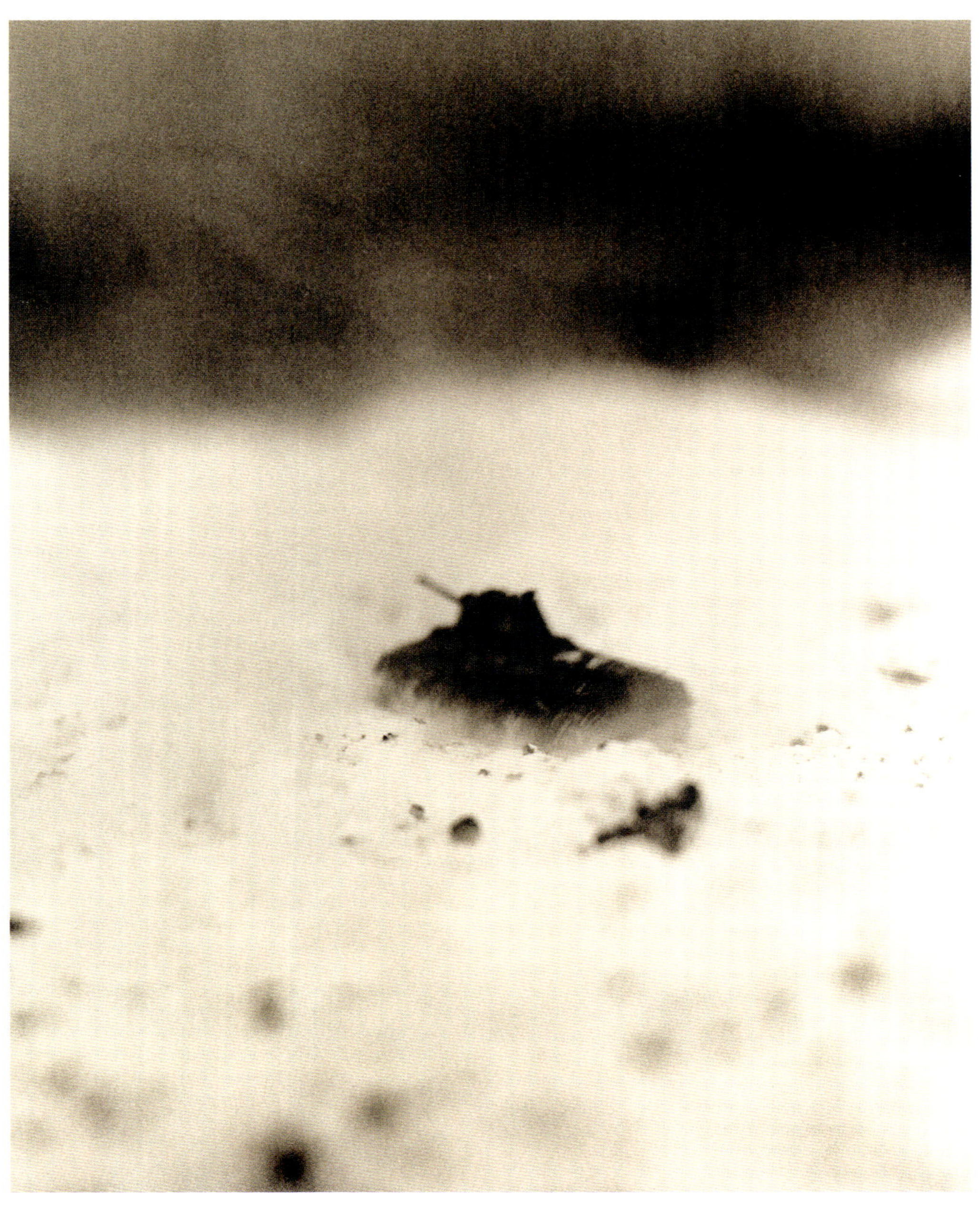

dalla serie / from the series **Hitler Moves East**, 1977
(stampata / printed 2019)
stampa ai pigmenti d'archivio / archival pigment print, 36 × 28 cm
Courtesy dell'artista / the artist

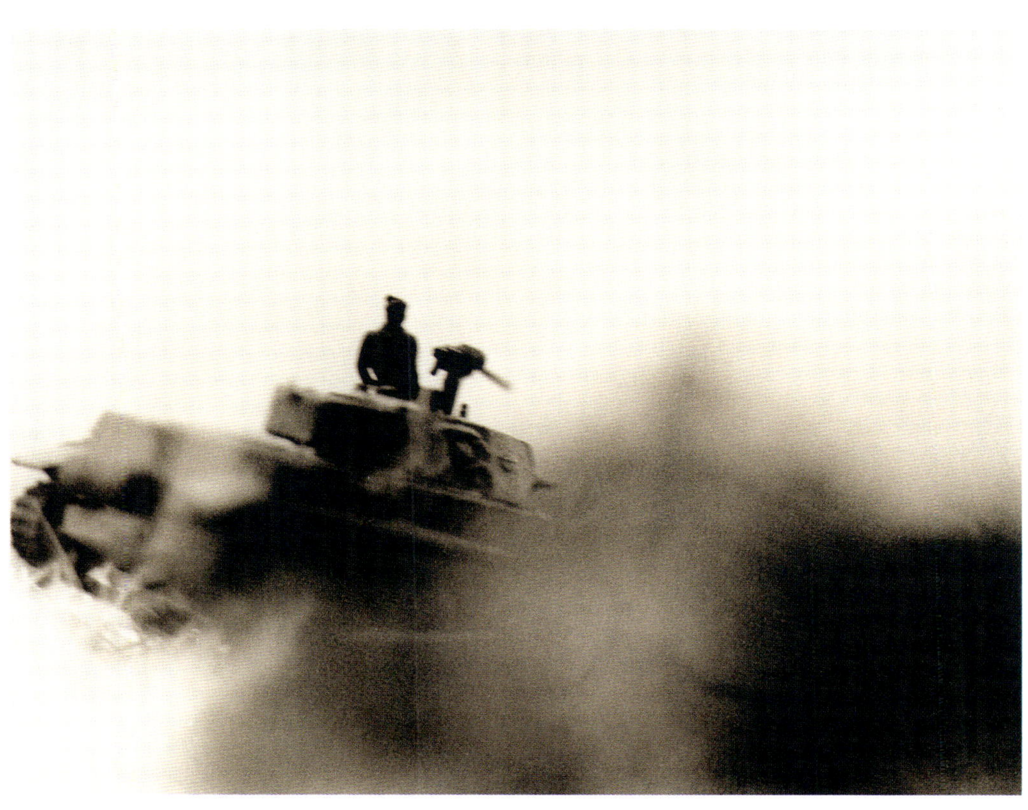

dalla serie / from the series **Hitler Moves East**, 1977
(stampata / printed 2019)
stampa ai pigmenti d'archivio / archival pigment print, 28 × 36 cm
Courtesy dell'artista / the artist

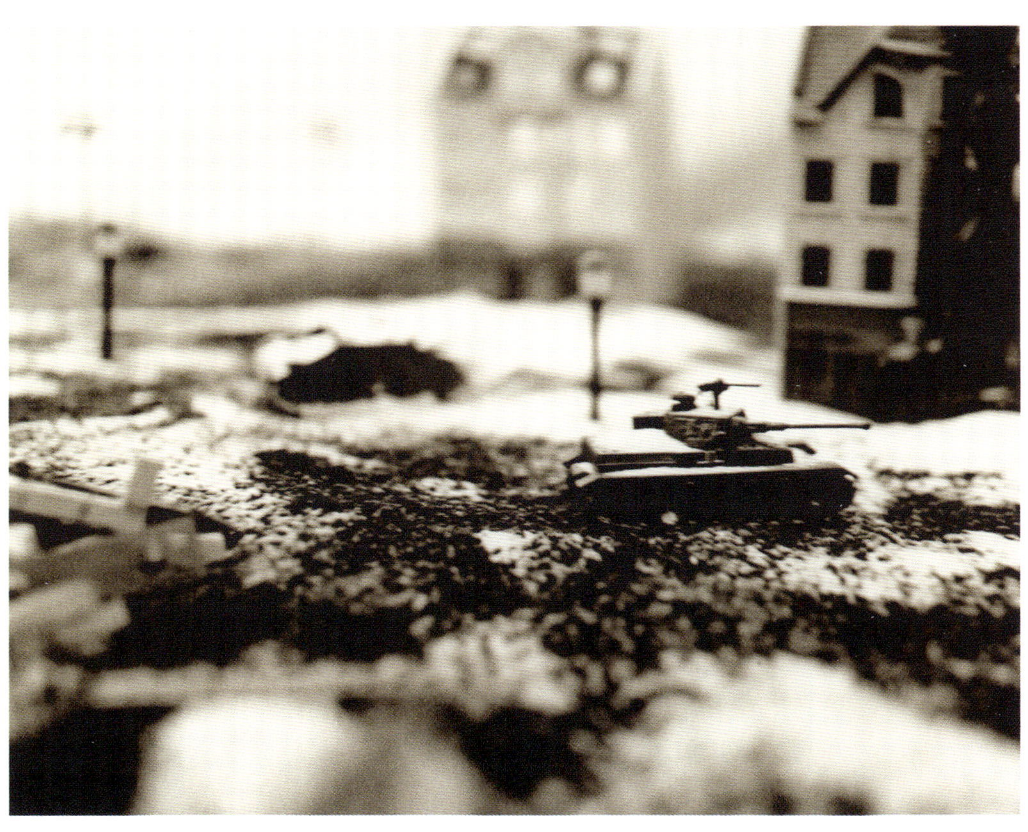

dalla serie / from the series **Hitler Moves East**, 1977
(stampata / printed 2019)
stampa ai pigmenti d'archivio / archival pigment print, 28 × 36 cm
Courtesy dell'artista / the artist

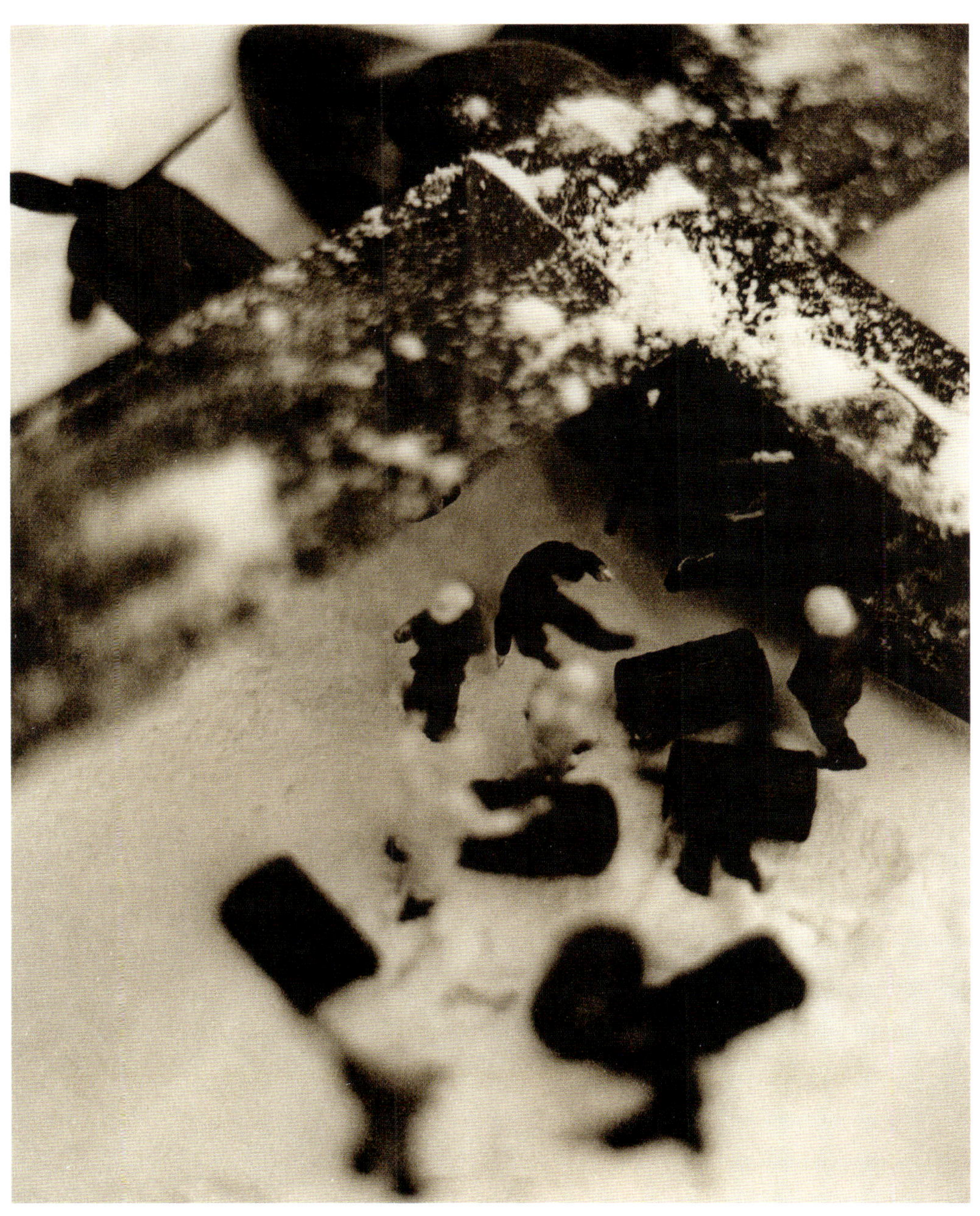

dalla serie / from the series **Hitler Moves East**, 1977
(stampata / printed 2019)
stampa ai pigmenti d'archivio / archival pigment print, 36 × 28 cm
Courtesy dell'artista / the artist

James Casebere

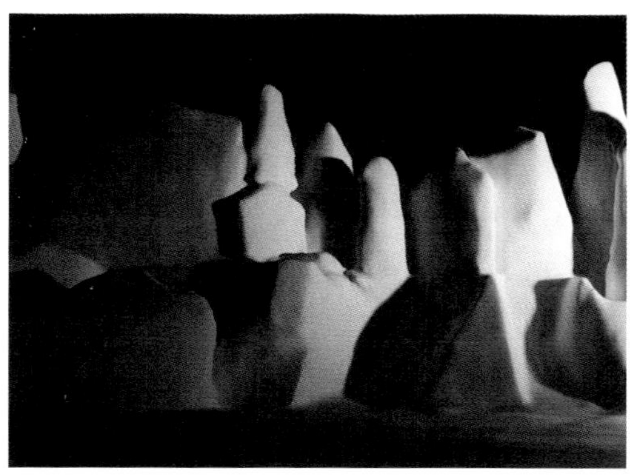

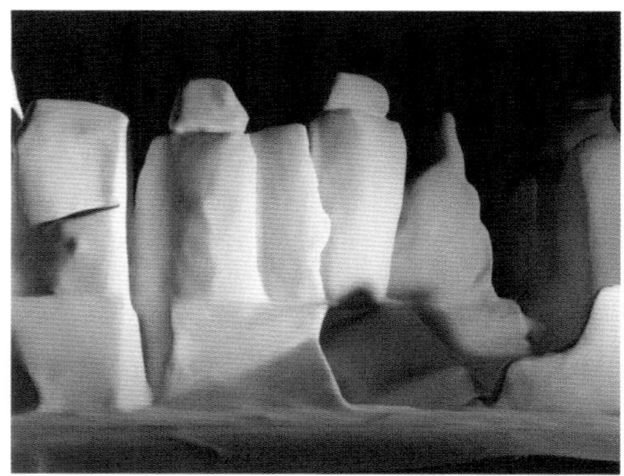

Needles, 1985
stampa ai sali d'argento / gelatin silver print
56 × 76 cm ognuna / each
Torino, Fondazione Sandretto Re Rebaudengo

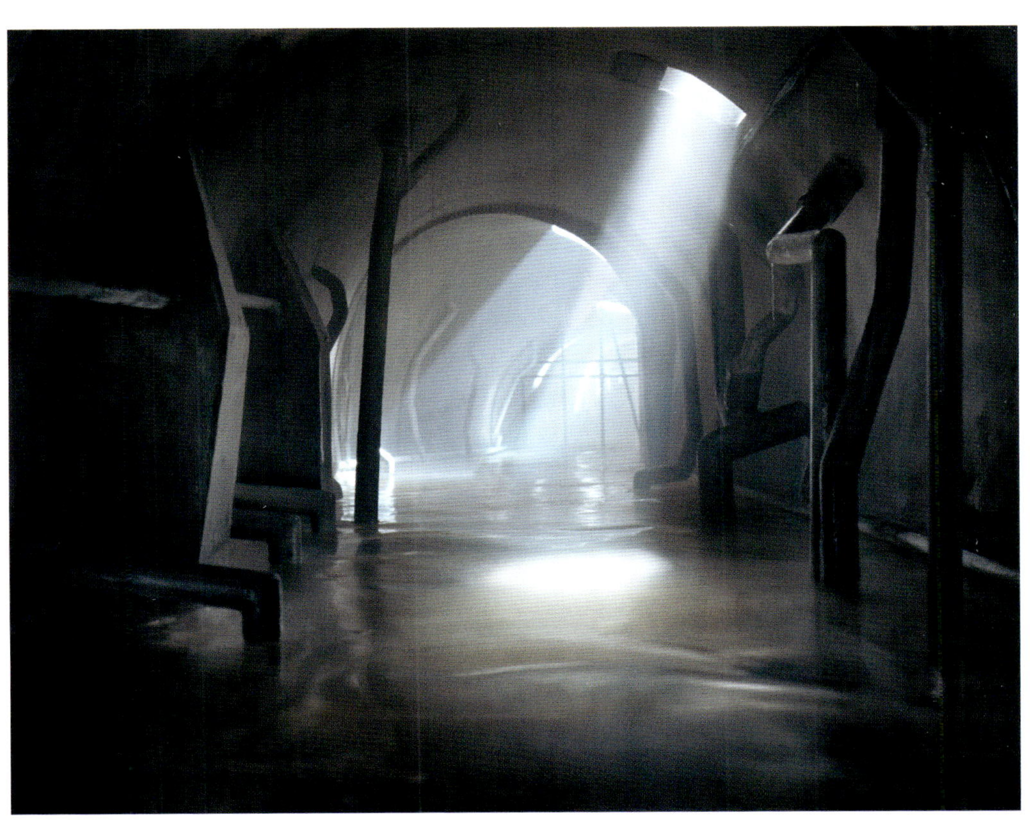

Bologna Tunnel #4, 2010
stampa cromogenica digitale /
chromogenic digital print, 183 × 226 cm
Milano, Collezione Unicredit

Hiroshi Sugimoto

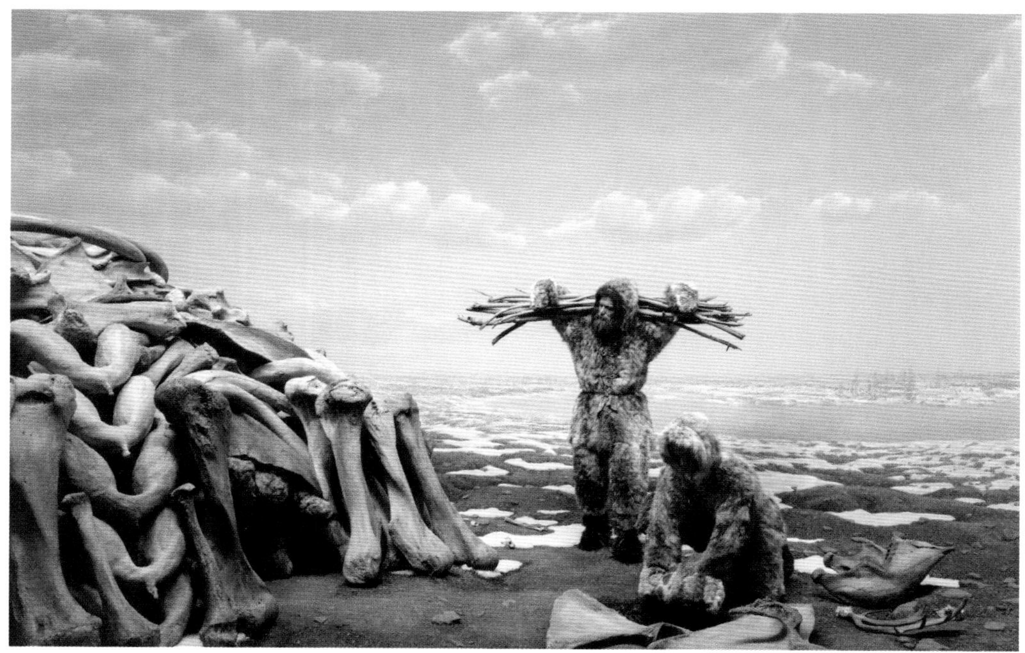

Cro-Magnon, 144
dalla serie / from the series **Dioramas**, 1994
stampa ai sali d'argento / gelatin silver print, 51 × 61 cm
Modena, Fondazione Modena Arti Visive

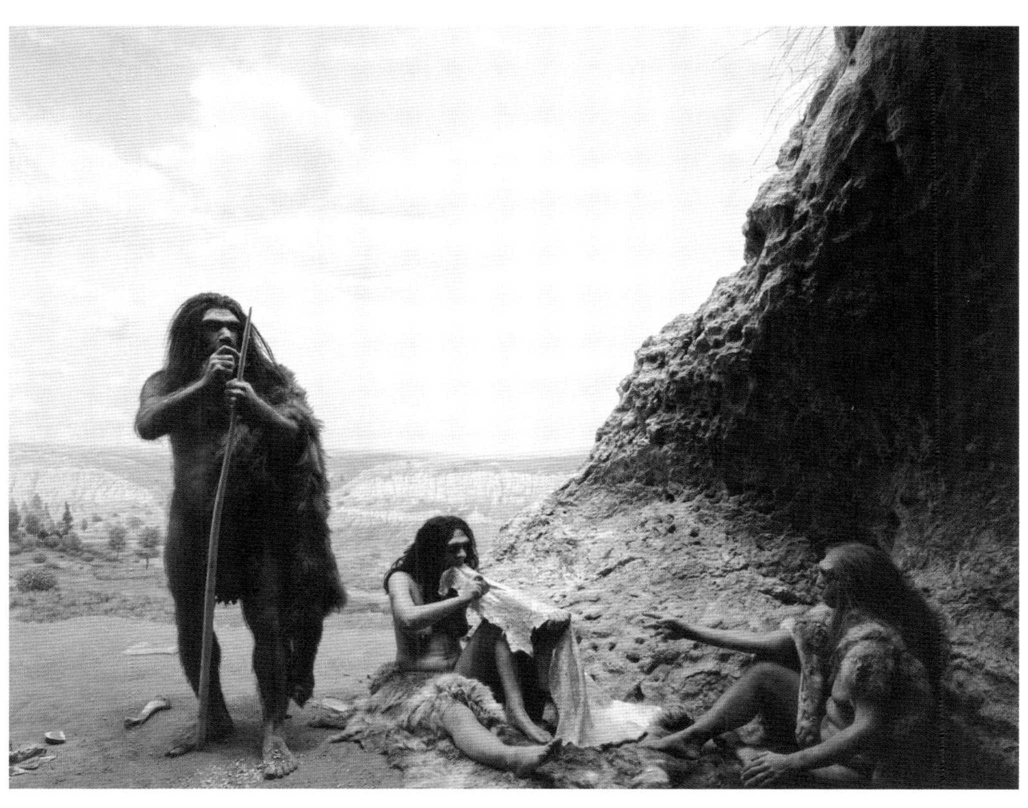

Neanderthal, 14
dalla serie / from the series **Dioramas**, 1994
stampa ai sali d'argento / gelatin silver print, 51 × 61 cm
Modena, Fondazione Modena Arti Visive

Joan Fontcuberta

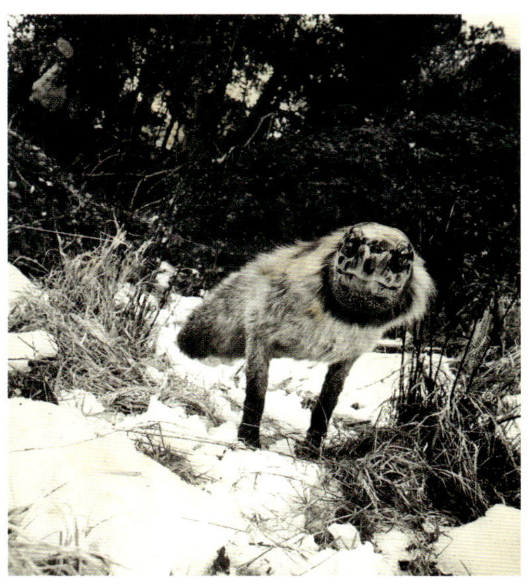

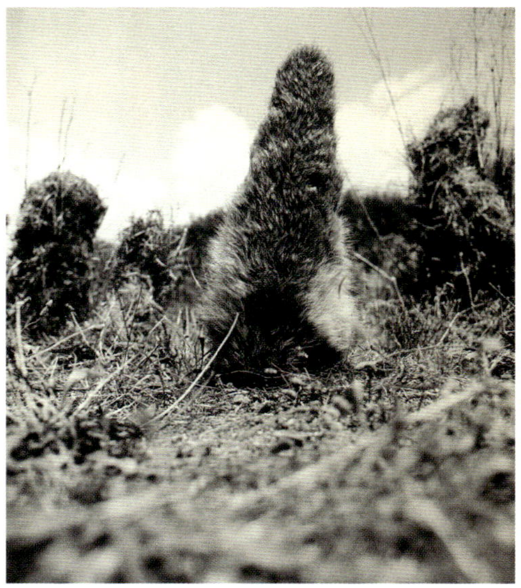

Alopex Stultus
dalla serie / from the series **Fauna**, 1987
stampa su carta vellutata Argenta /
print on Argenta velvet paper, 50 × 40 cm ognuna / each
Courtesy dell'artista / the artist

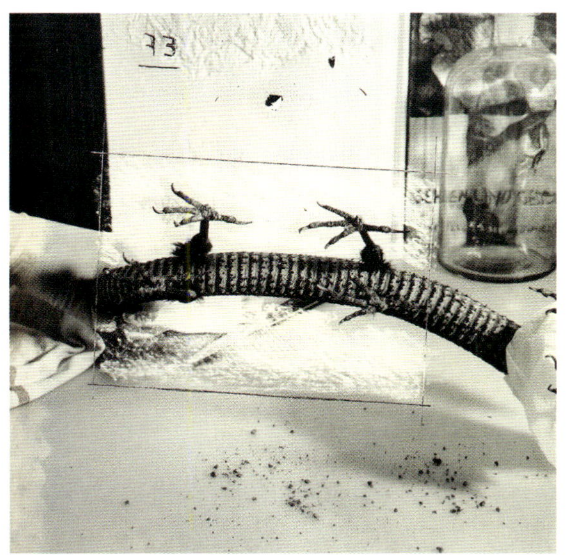

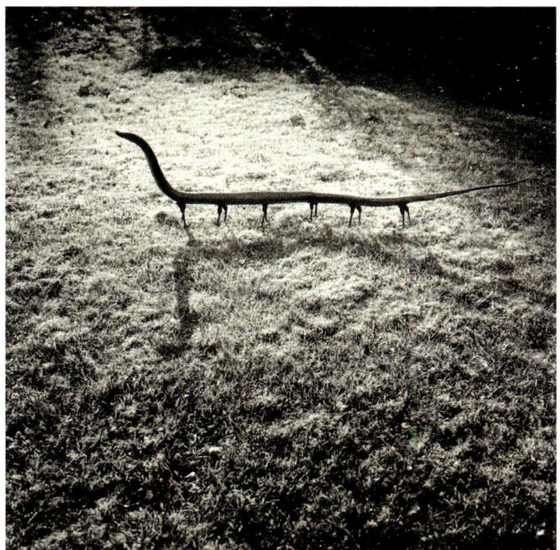

Solenoglypha Polipodida
dalla serie / from the series **Fauna**, 1987
stampa ai sali d'argento tinta tè /
gelatin silver print, tea tint, 40 × 30 cm ognuna / each
Courtesy dell'artista / the artist

Teun Hocks

Untitled n. 045 (Day and Night), 1986
olio su stampa ai sali d'argento /
oil on gelatin silver print, 153 × 132 cm
Courtesy Paci Contemporary Gallery, Brescia-Porto Cervo

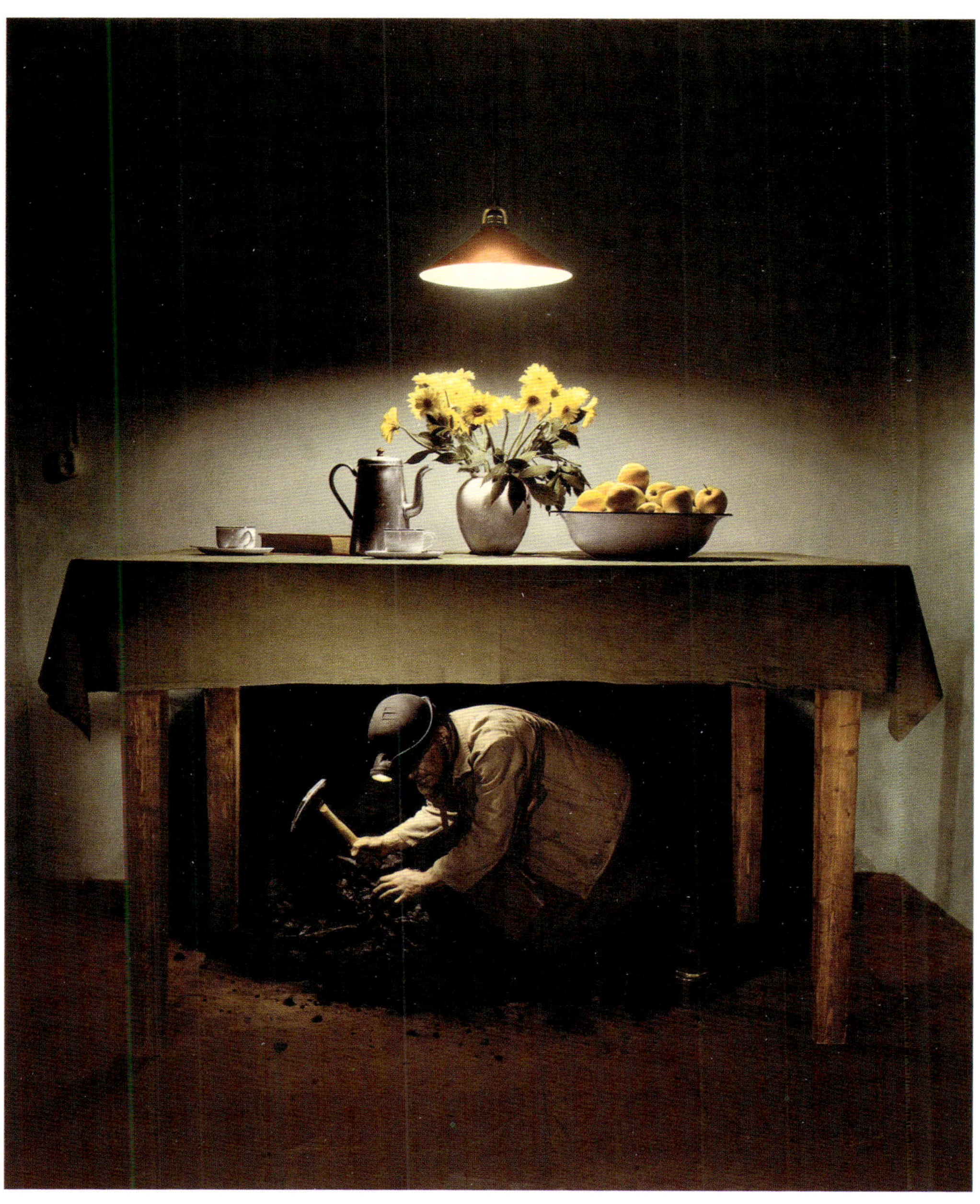

Erwin Olaf

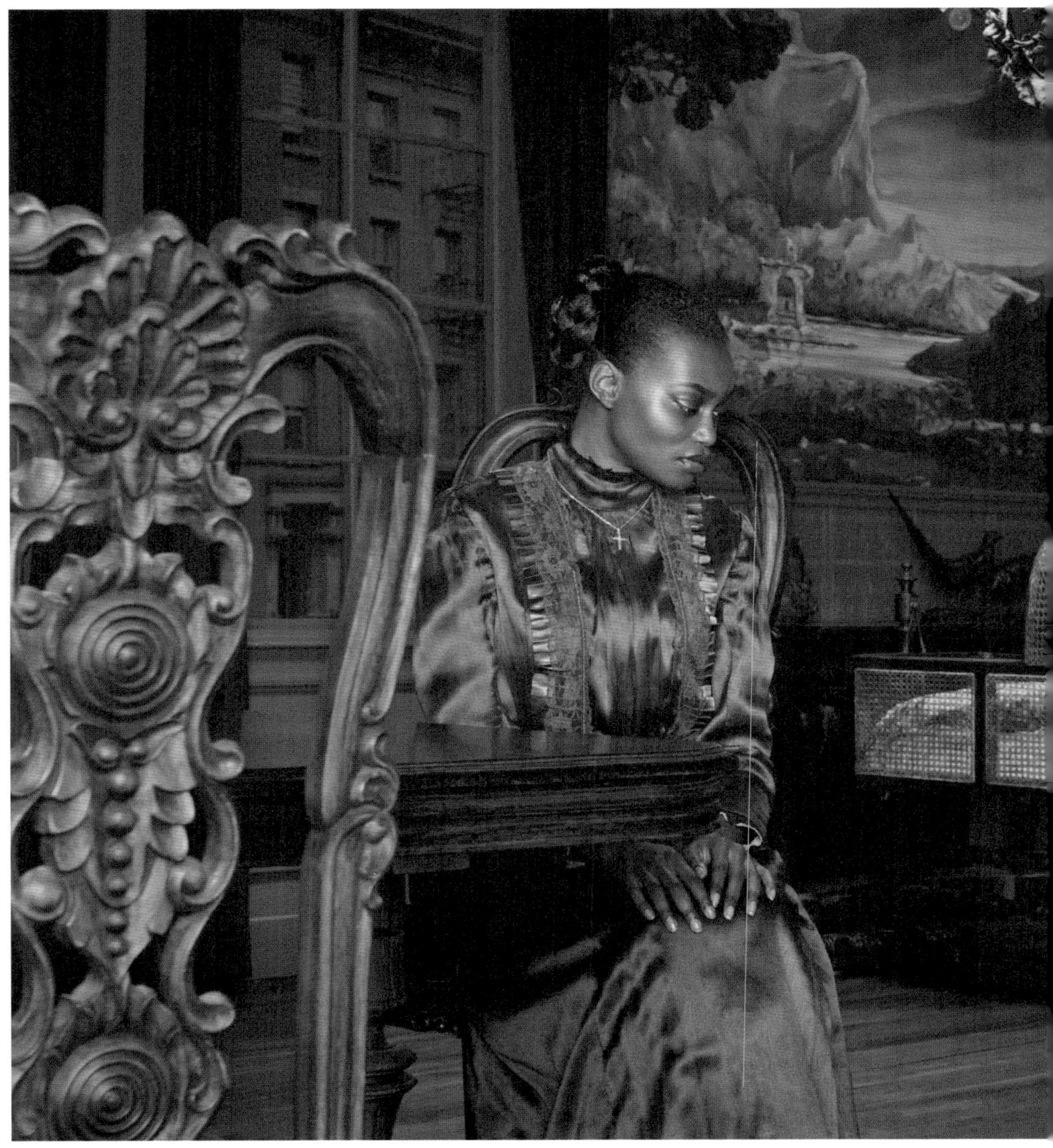

The Mother
dalla serie / from the series **Dusk**, 2009
stampa ai pigmenti d'archivio / archival pigment print, 121 × 230 cm
Arese (Milano), Collezione Soprani

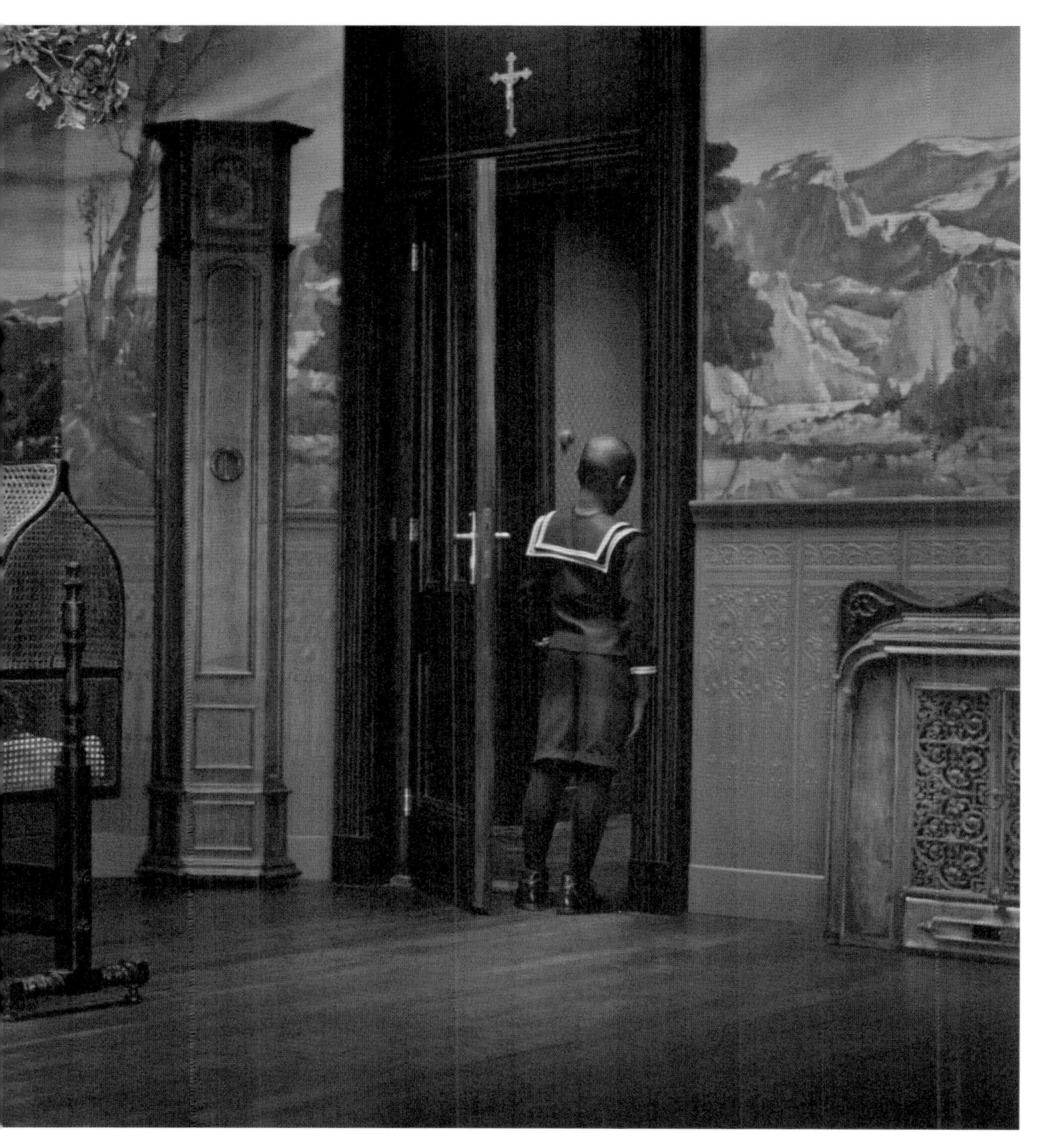

Hannah Starkey

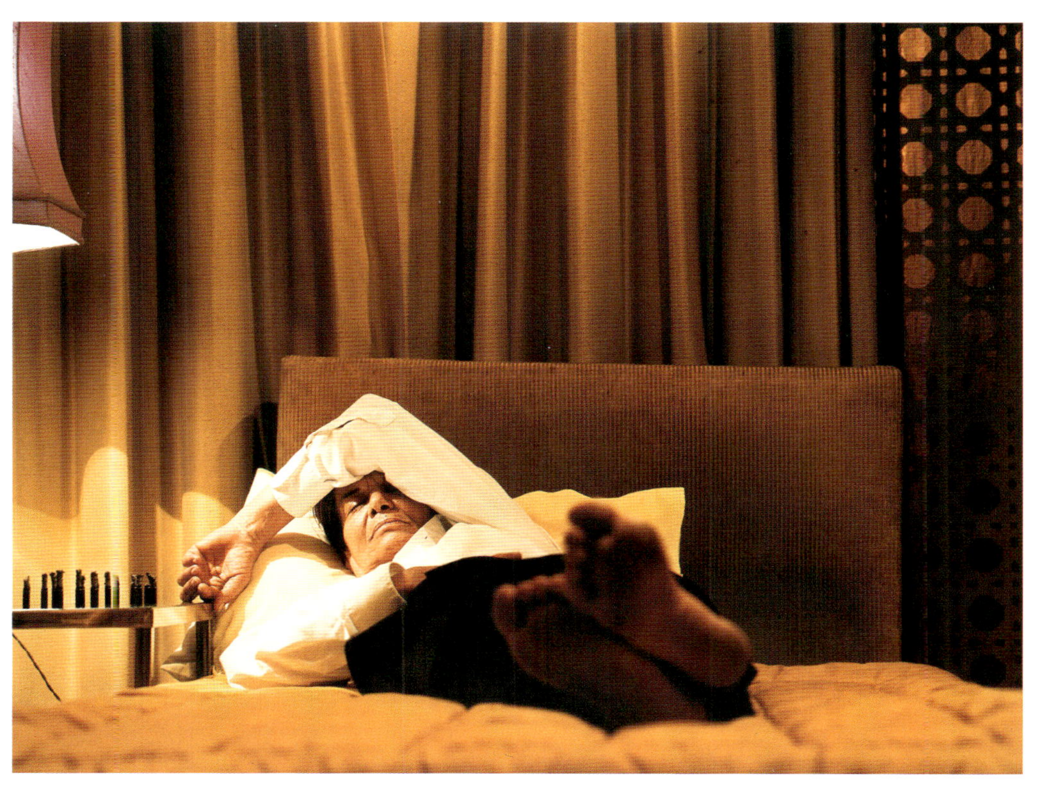

Untitled-Autumn, 1998
c-print, 126 x 164 cm
Torino, Fondazione Sandretto Re Rebaudengo

Gillian Wearing

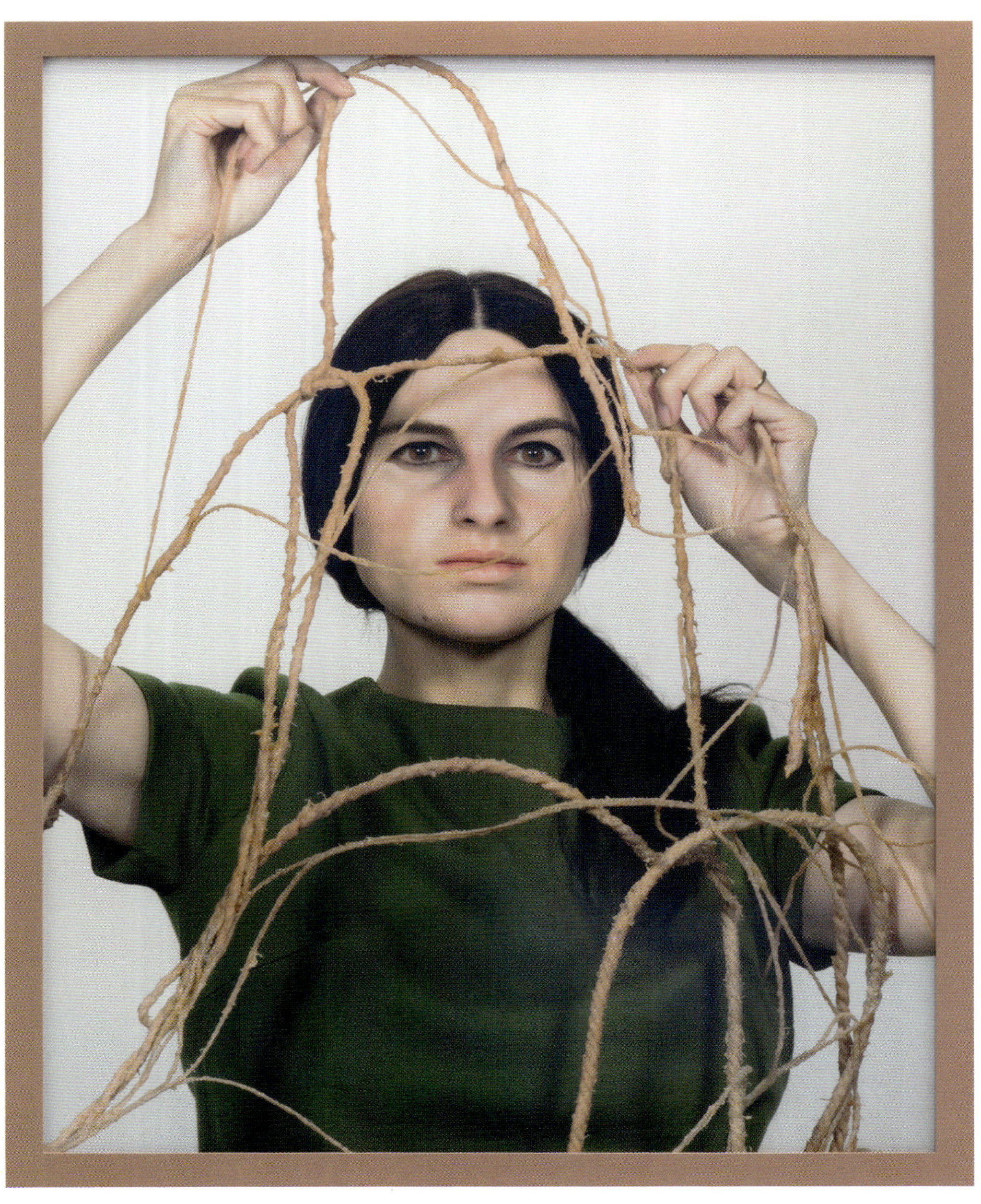

Me as Eva Hesse, 2019
c-print con cornice / framed c-print, 152,4 × 114,5 cm
Milano, Collezione Ettore Molinario

Andres Serrano

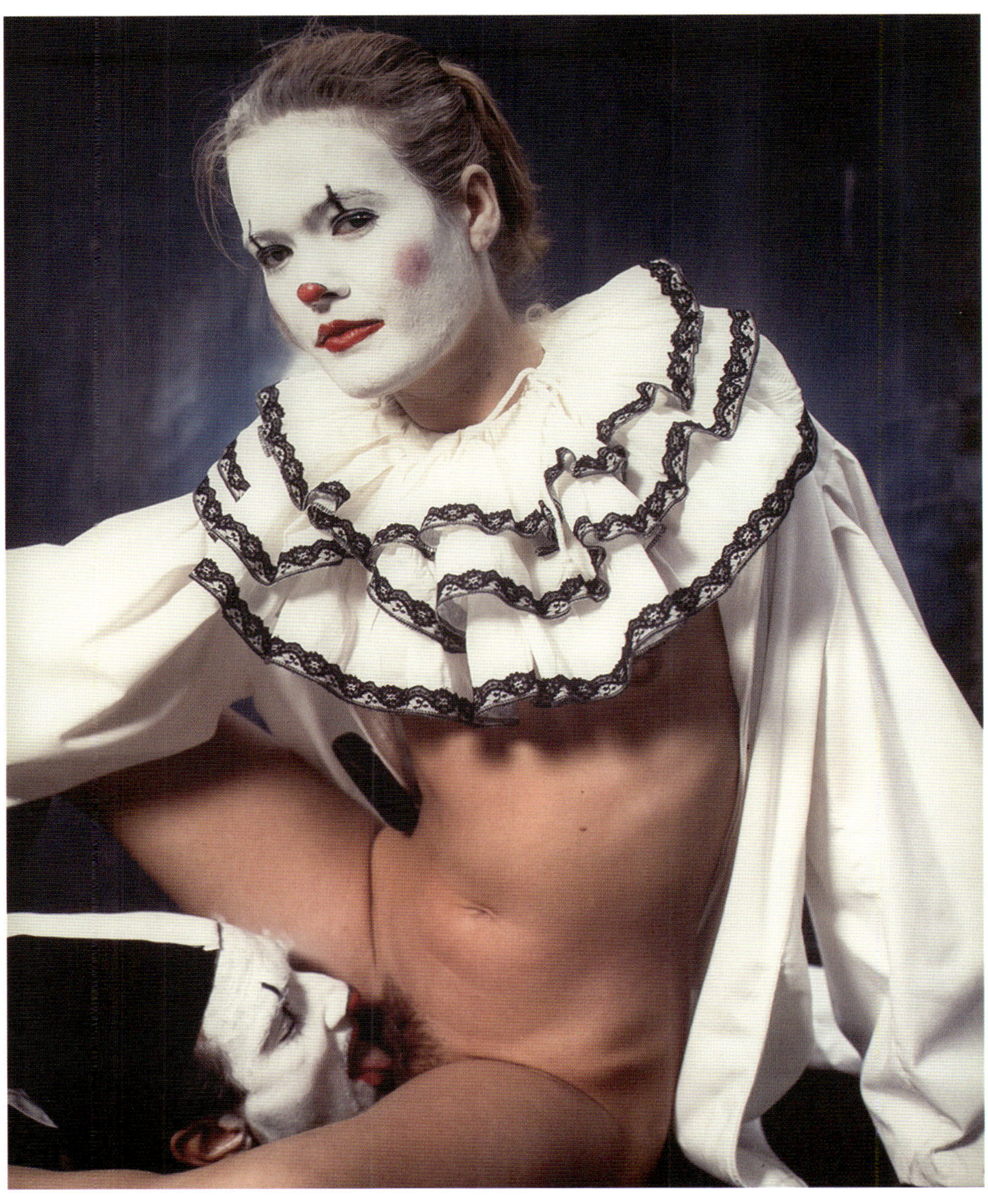

A History of Sex (Head), 1996
vintage c-print, 102 × 83 cm
Milano, Collezione Ettore Molinario

David LaChapelle

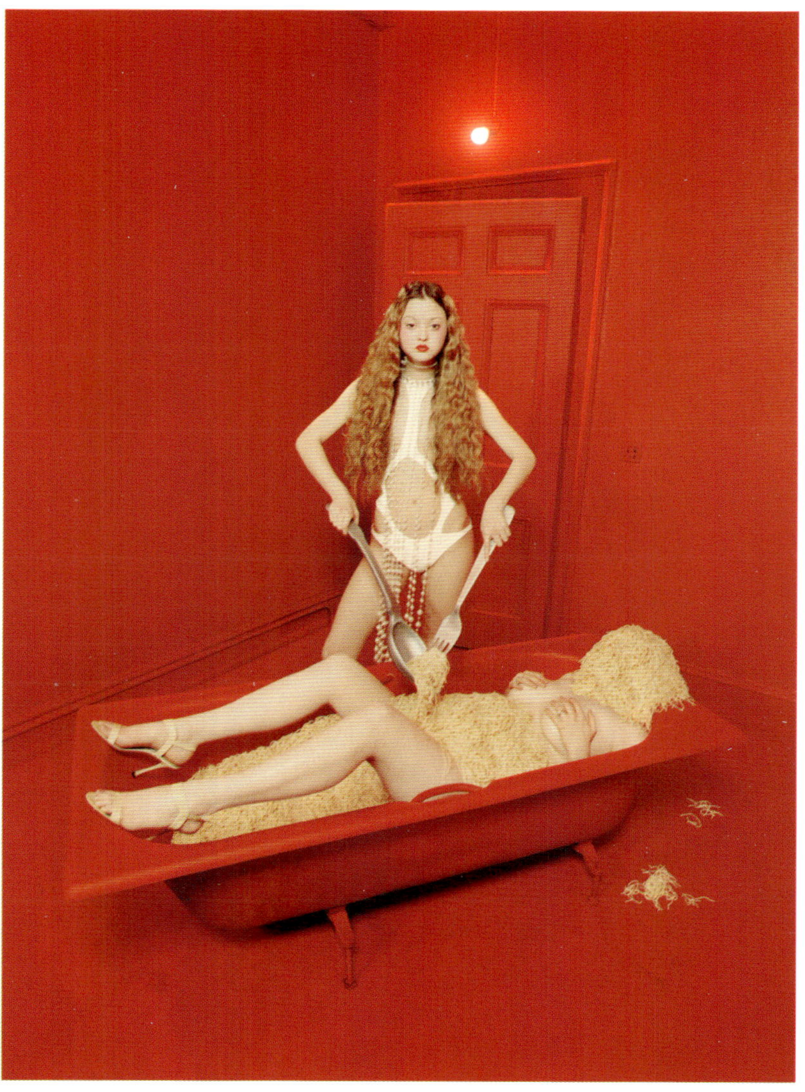

Devon Aoki: Spaghetti Drama, 1998
c-print, 101,6 × 76,2 cm
Torino, collezione privata / private collection

How I Wonder What You Are, 2019
stampa ai pigmenti / pigment print, 101,6 × 66,4 cm
Torino, collezione privata / private collection

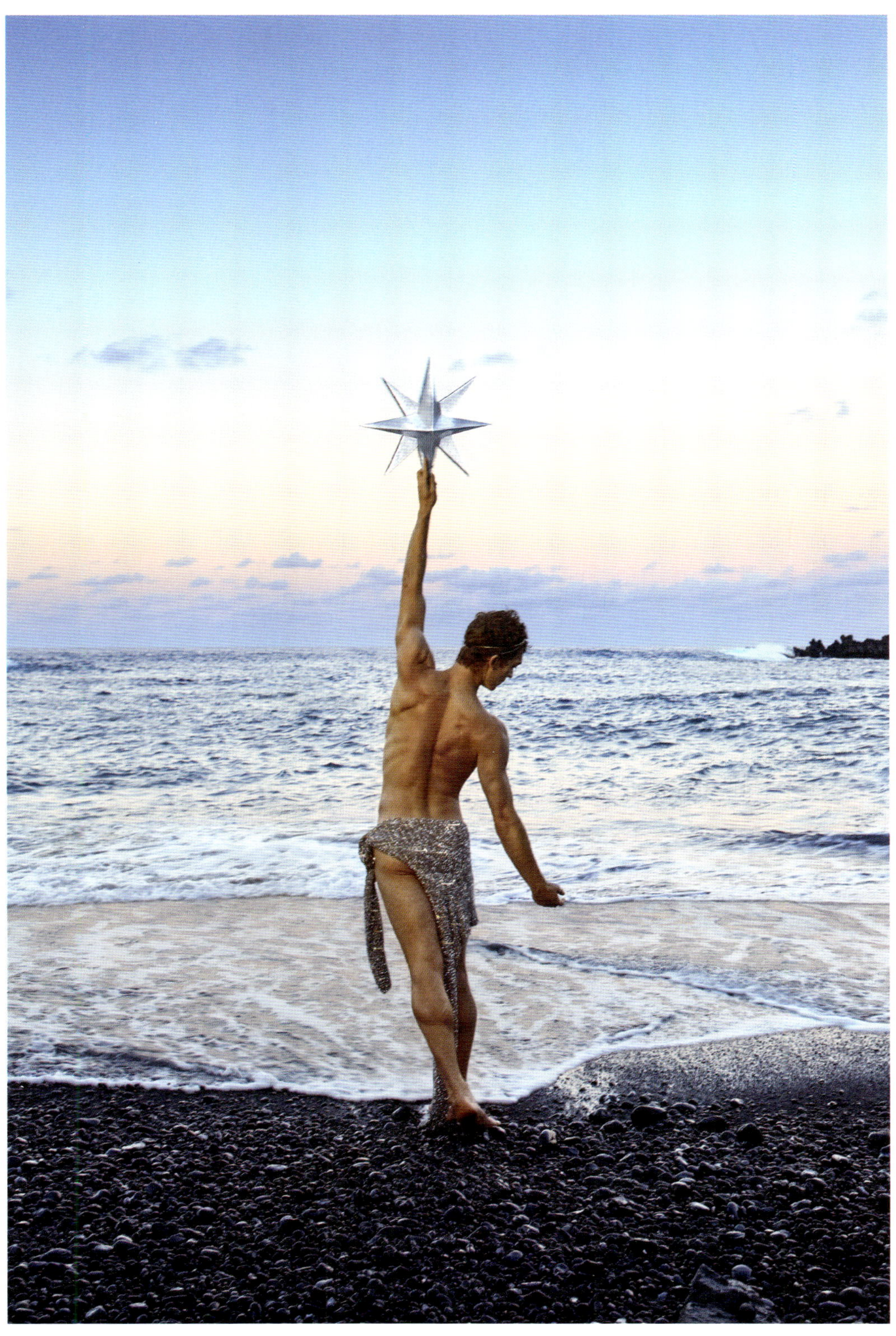

Julia Fullerton-Batten

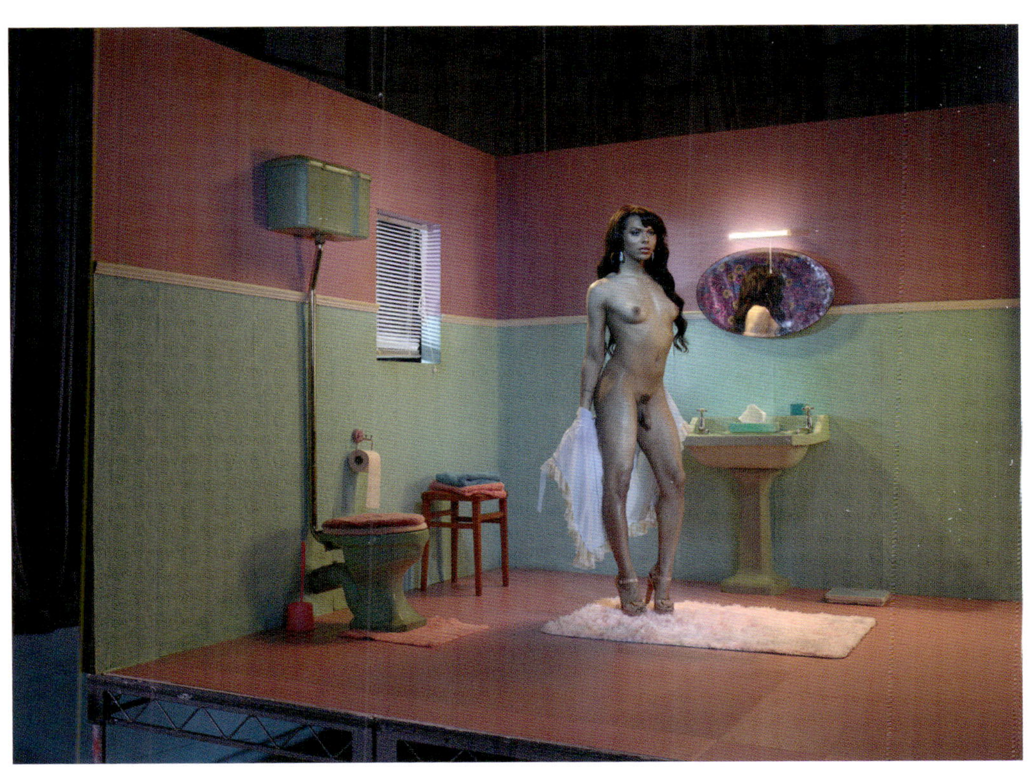

Munroe, Transexual, 2016
Lambda print, 76 × 102 cm
Milano, Collezione Ettore Molinario

Alison Jackson

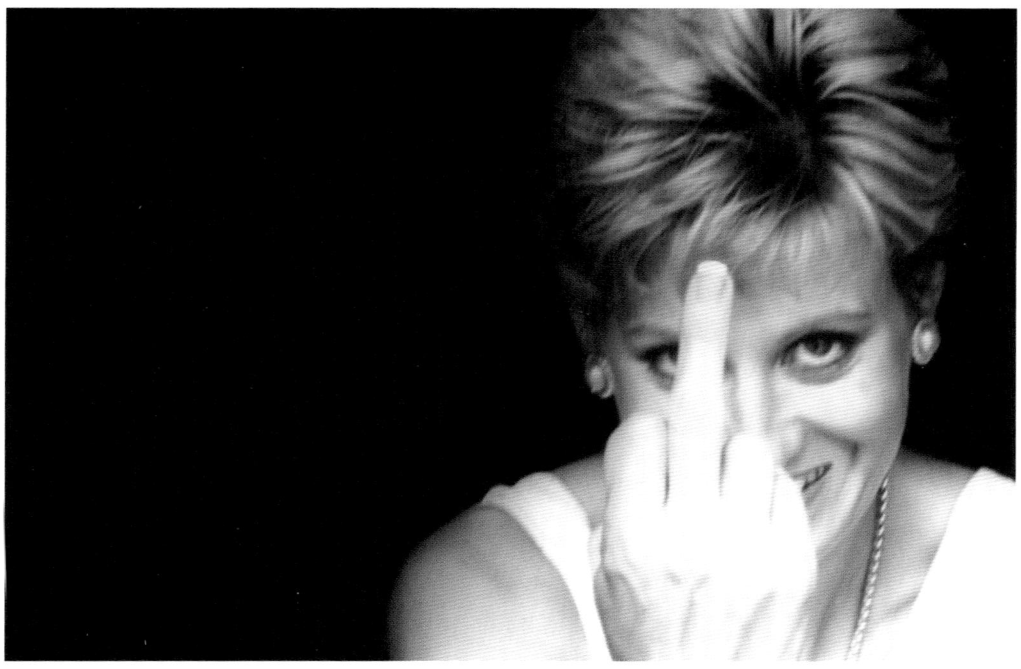

Princess Diana gives the finger, 1998
stampa digitale / digital print, 81 × 106 cm
Courtesy dell'artista / the artist

Diana and Marilyn shopping, 2000
stampa digitale / digital print, 56 × 46 cm
Courtesy dell'artista / the artist

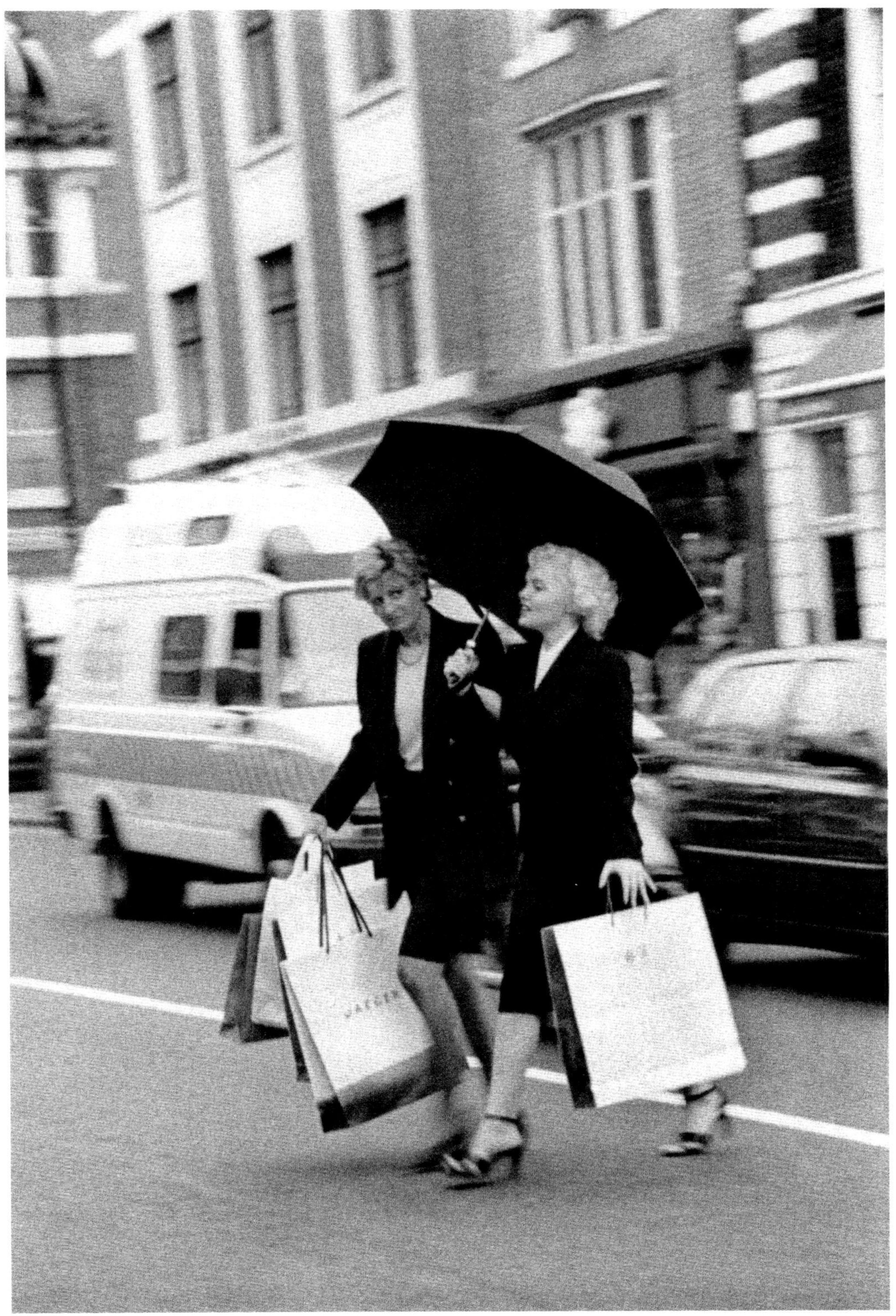

Paolo Ventura

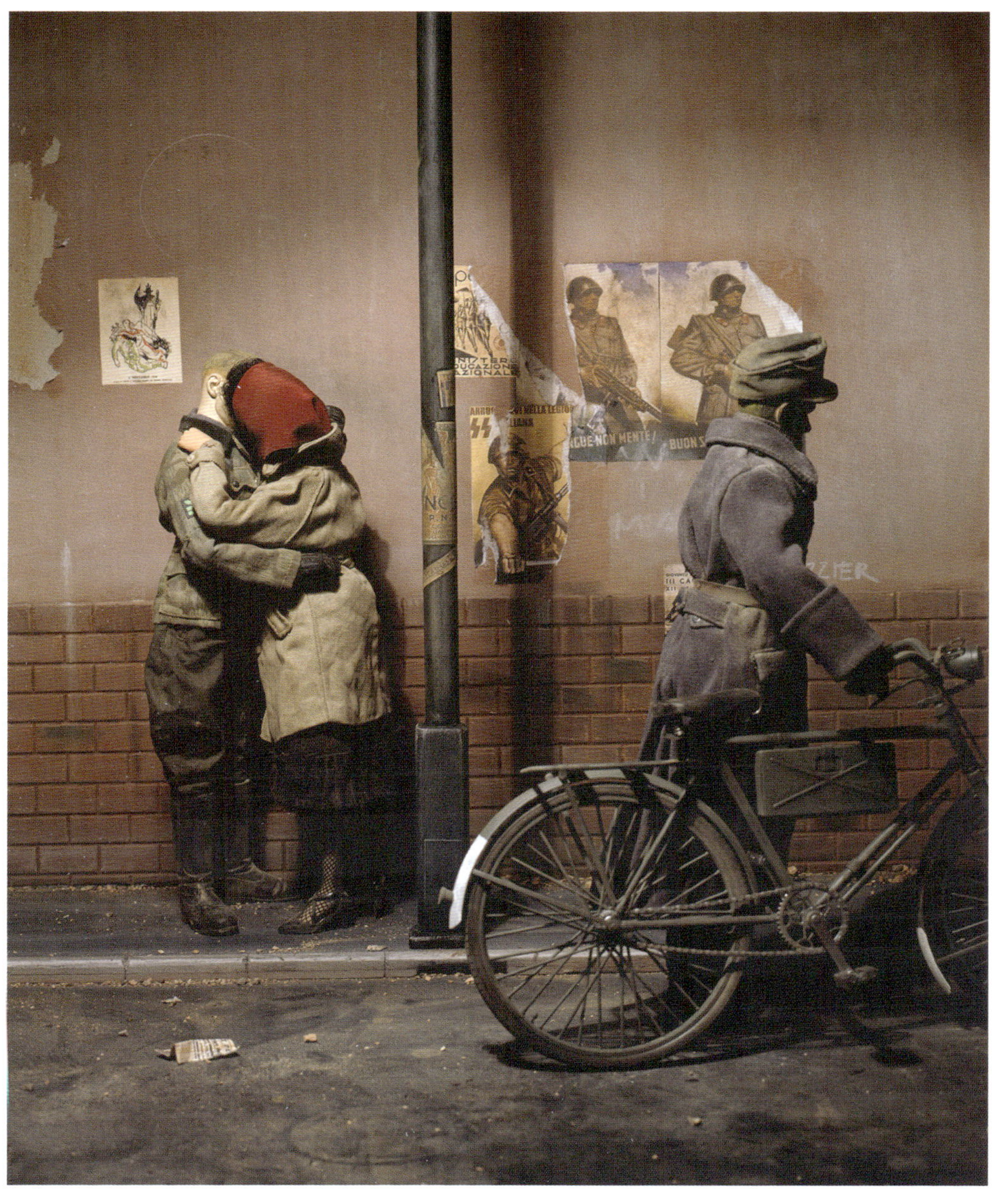

dalla serie / from the series **War Souvenir**, 2005
c-print, 52 × 41 cm ognuna / each
Courtesy dell'artista / the artist

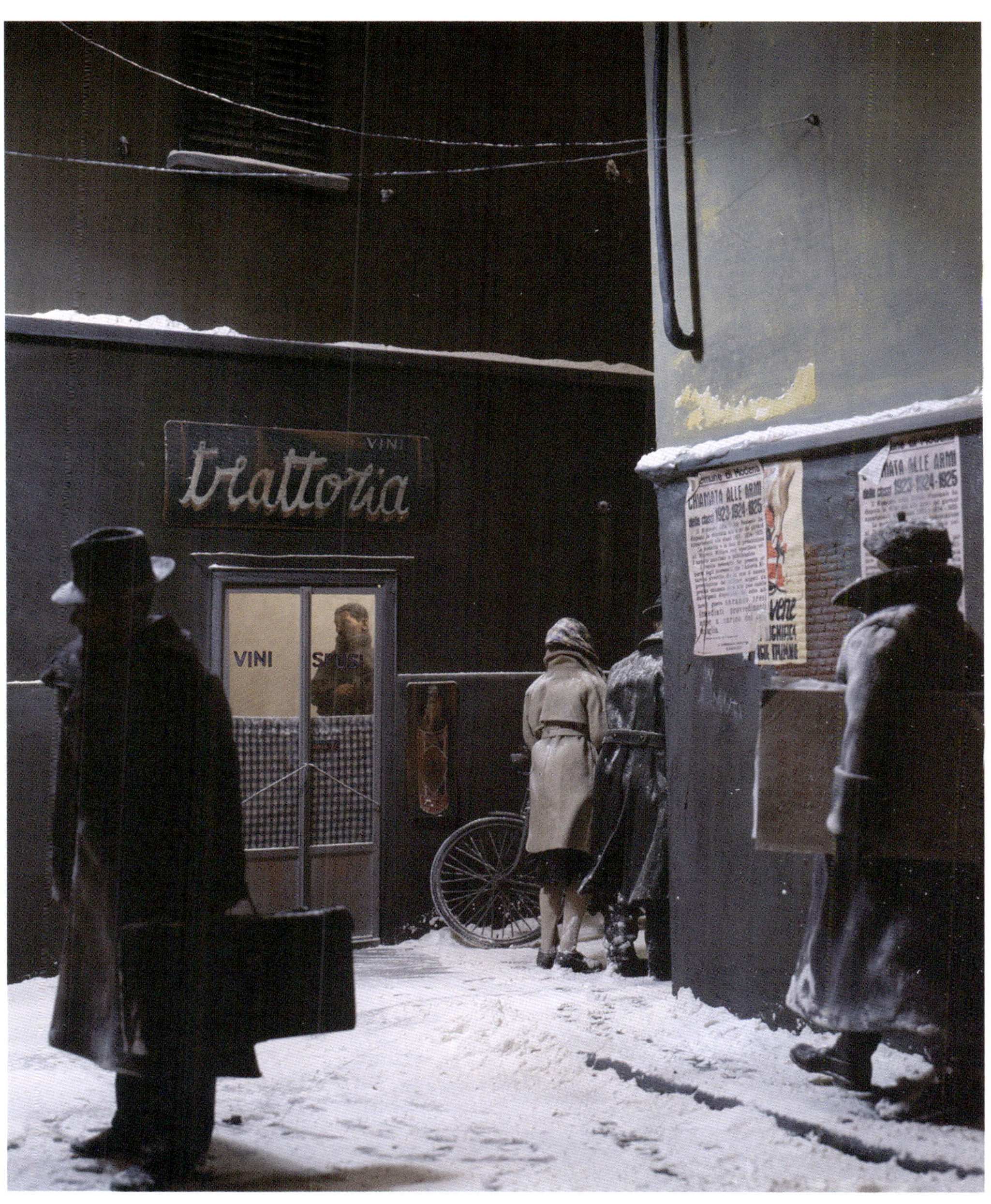
VINI
trattoria
VINI
CHIAMATA ALLE ARMI
1923-1924-1925

Miwa Yanagi

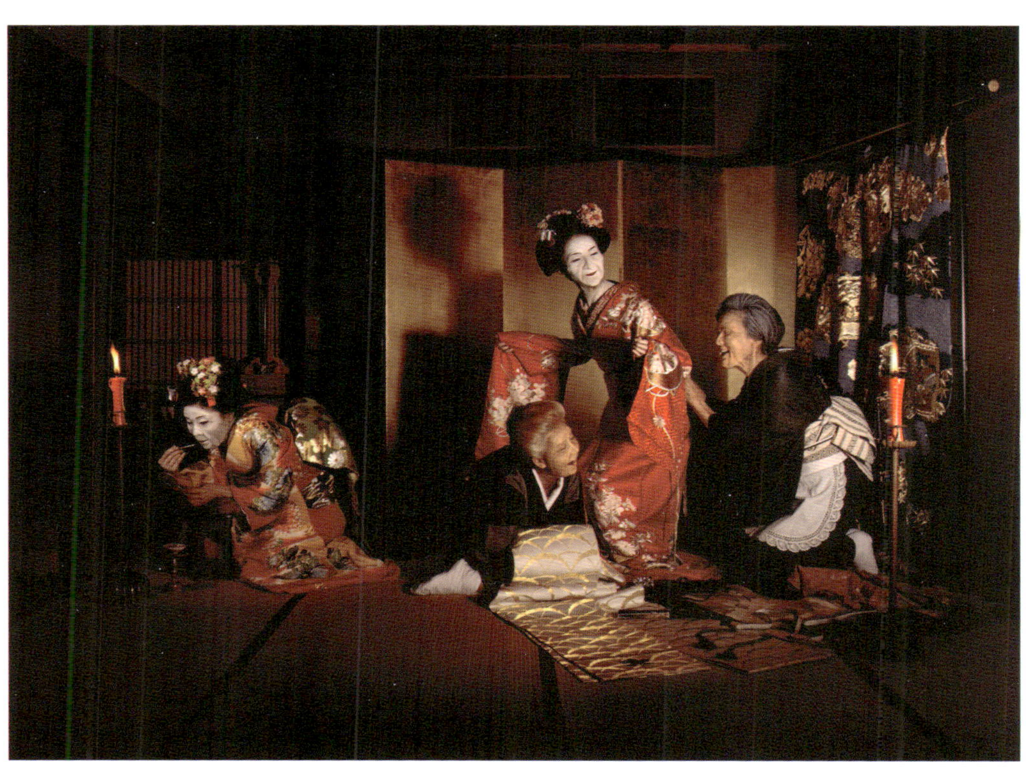

Geisha (Akiyo, Mai, Hitomi, Noriko), 2002
c-print, 180 × 240 cm
Modena, Fondazione Modena Arti Visive

Chan-Hyo Bae

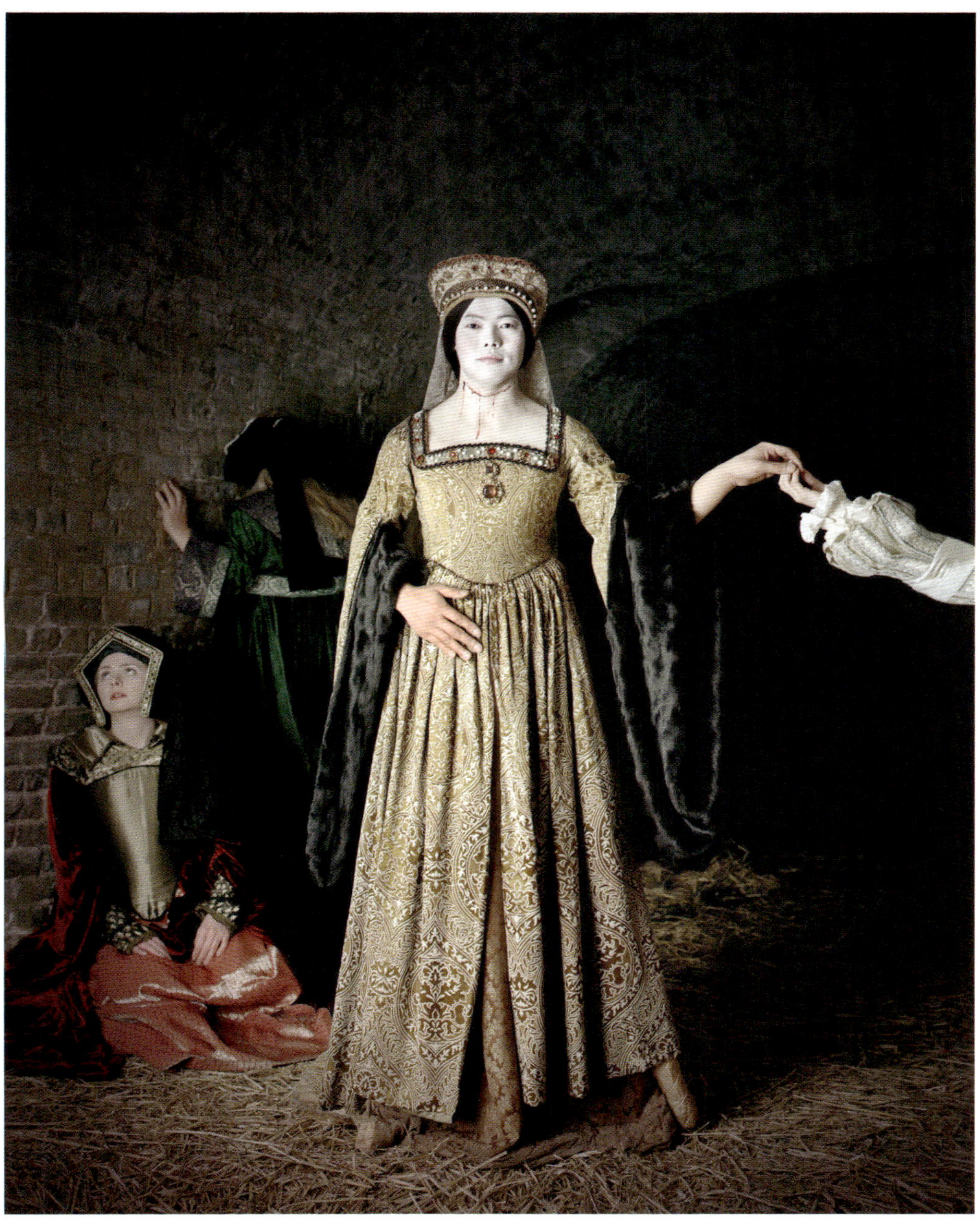

Existing in Costume, Anne-Boleyn, 2012
c-print, 230 × 180 cm
Ccurtesy MC2 Gallery, Montenegro

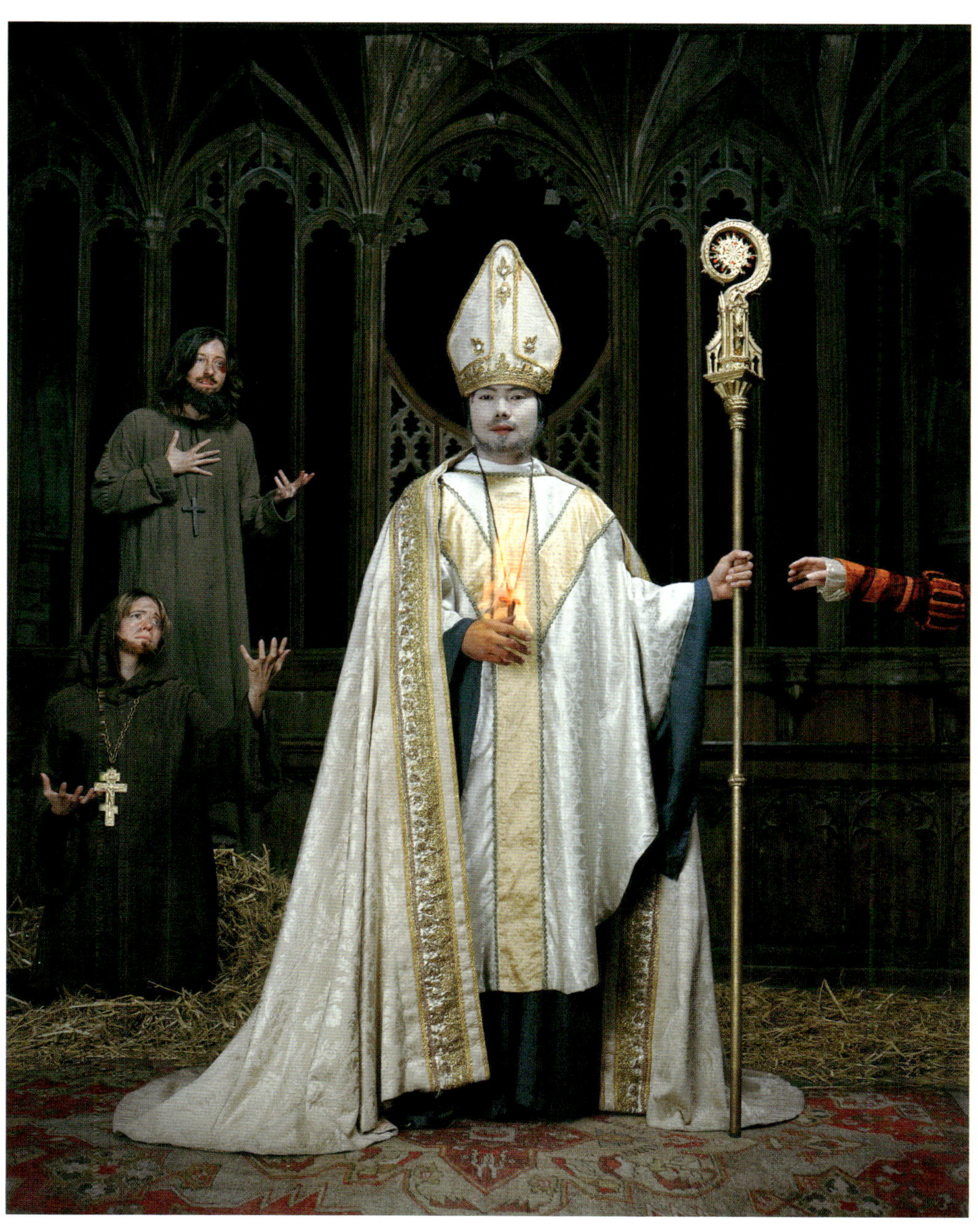

Existing in Costume, Thomas Cranmer, 2012
c-print, 230 × 180 cm
Courtesy MC2 Gallery, Montenegro

Lori Nix

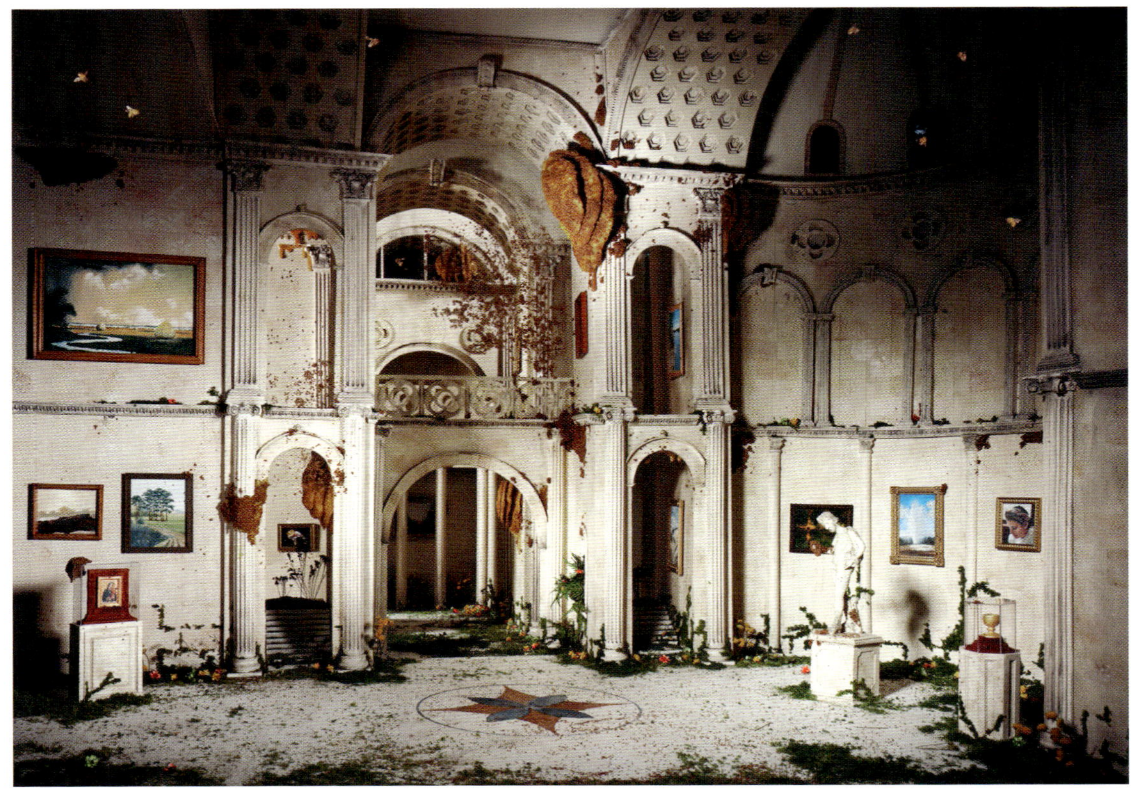

Museum of Art
dalla serie / from the series **The City**, 2005
c-print, 76 × 101 cm
Courtesy Paci Contemporary Gallery, Brescia-Porto Cervo

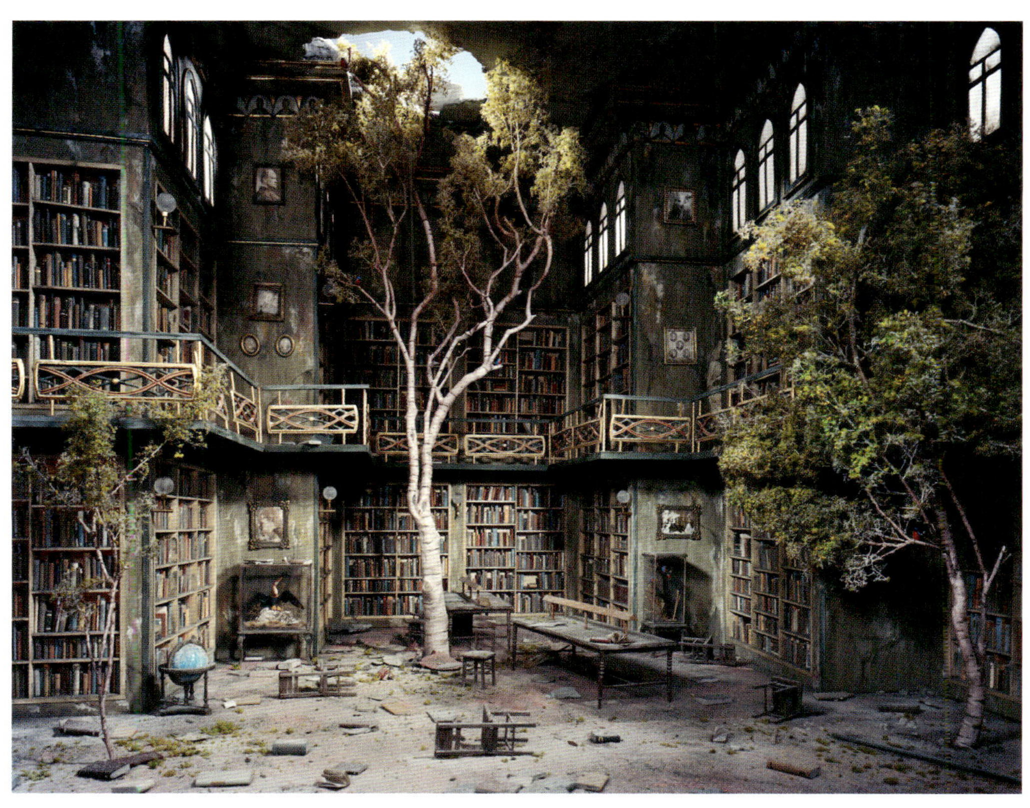

Library
dalla serie / from the series **The City**, 2007
c-print, 76 × 101 cm
Brescia, Collezione Cesareo

Yeondoo Jung

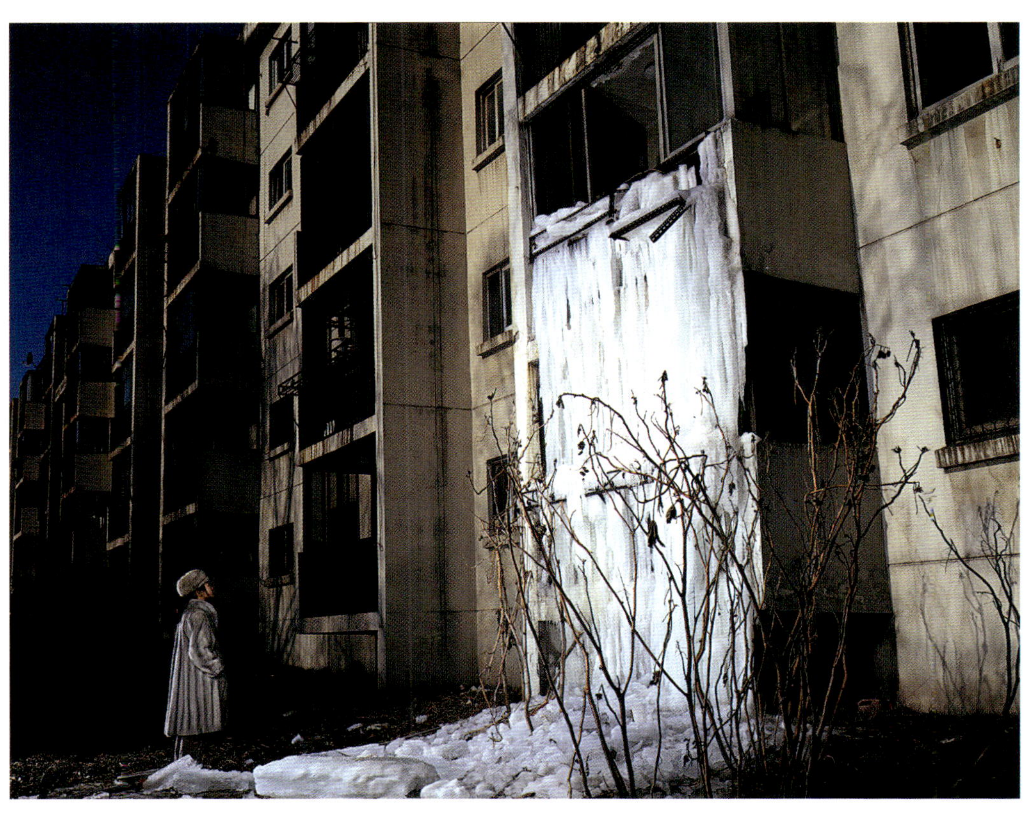

Location #4, 2006
c-print, 122 × 153,5 cm
Modena, Foncazione Modena Arti Visive

Jiang Pengyi

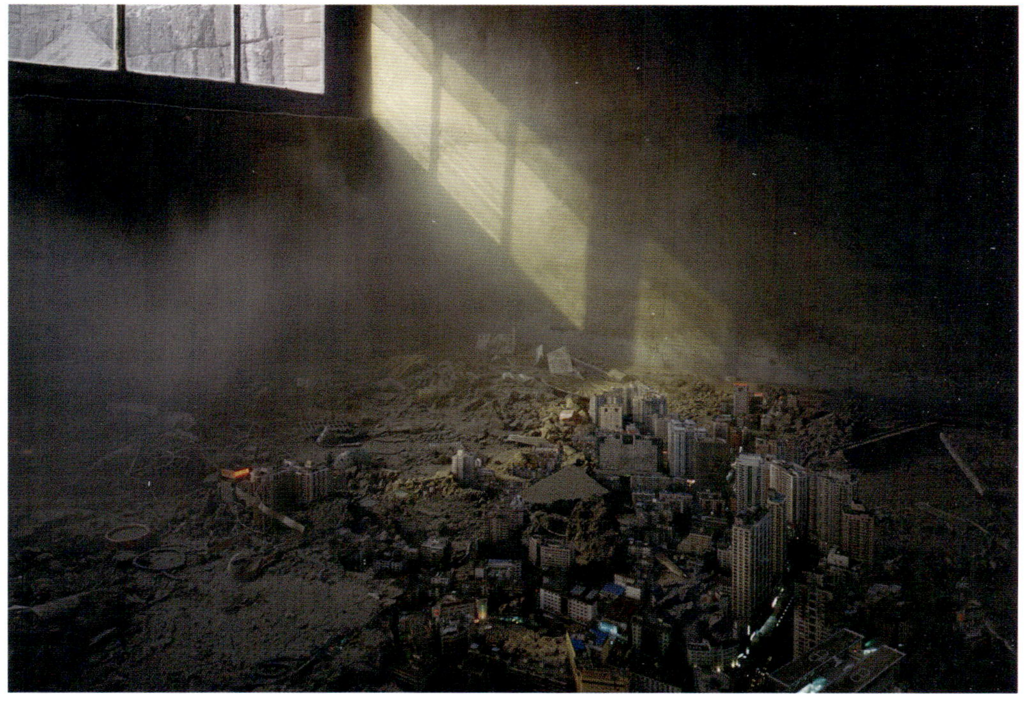

Unregistered Cities 1, 2010
stampa a getto d'inchiostro d'archivio /
archival inkjet print, 150 × 209 cm
Milano, Collezione Unicredit

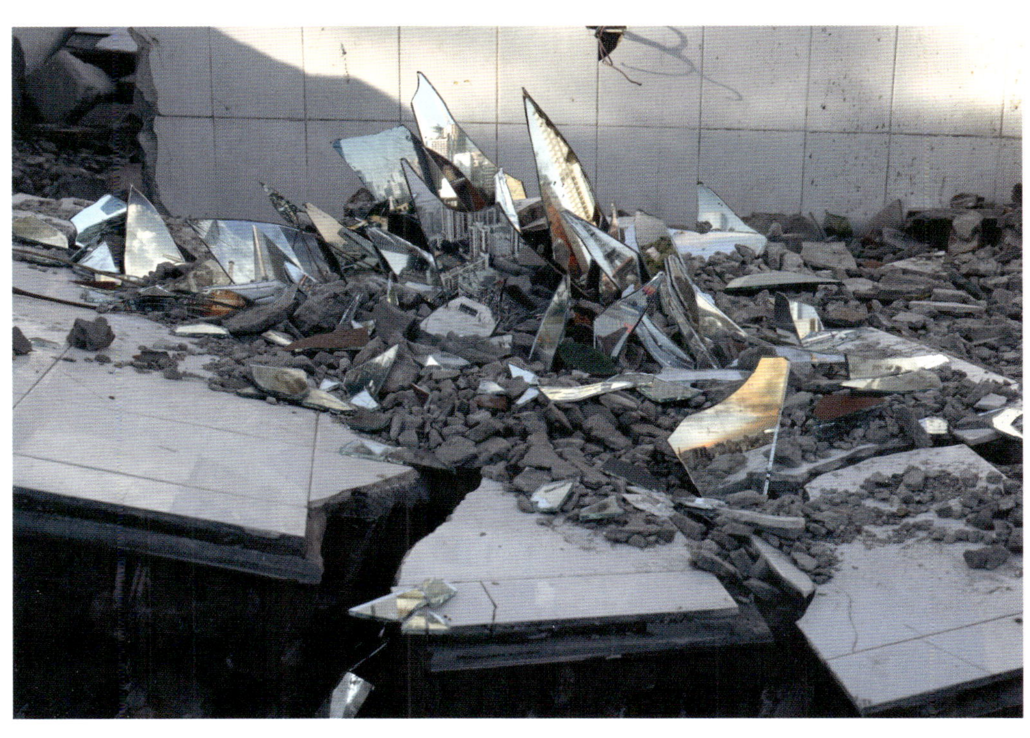

Unregistered Cities 8, 2010
stampa a getto d'inchiostro d'archivio /
archival inkjet print, 90 × 125 cm
Milano, Collezione Unicredit

Emily Allchurch

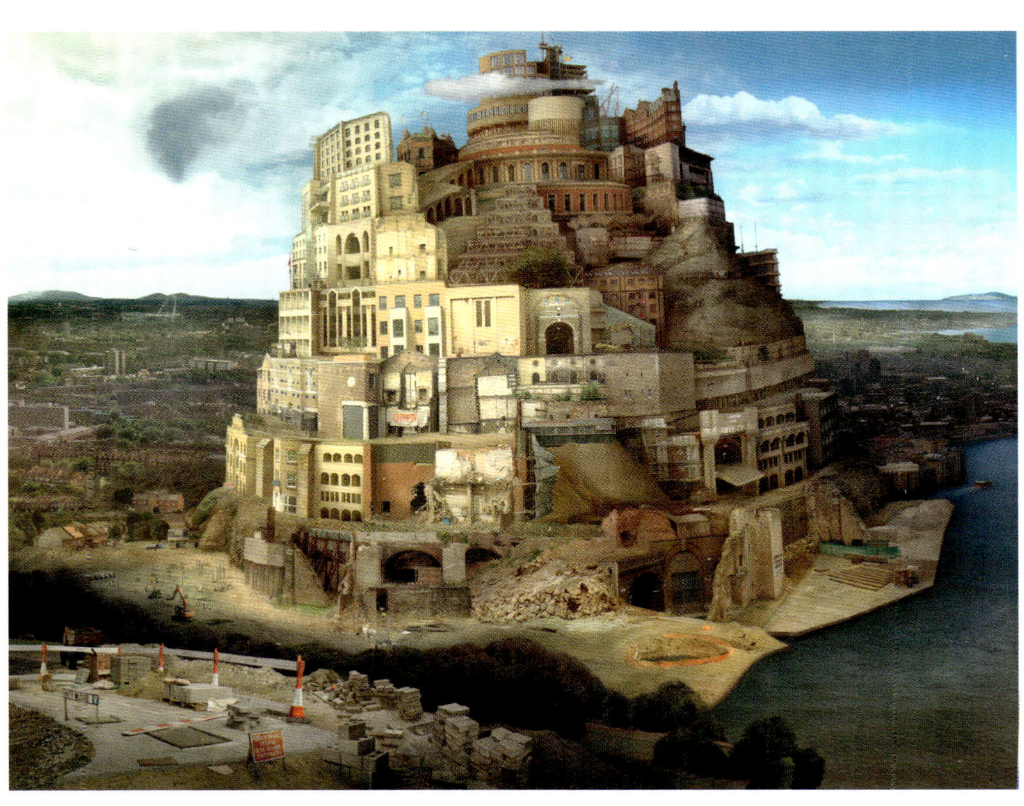

Tower of London (after Bruegel), 2005
diapositiva su lightbox / transparency on lightbox, 124 × 161 cm
Milano, collezione privata / private collection

Hiroyuki Masuyama

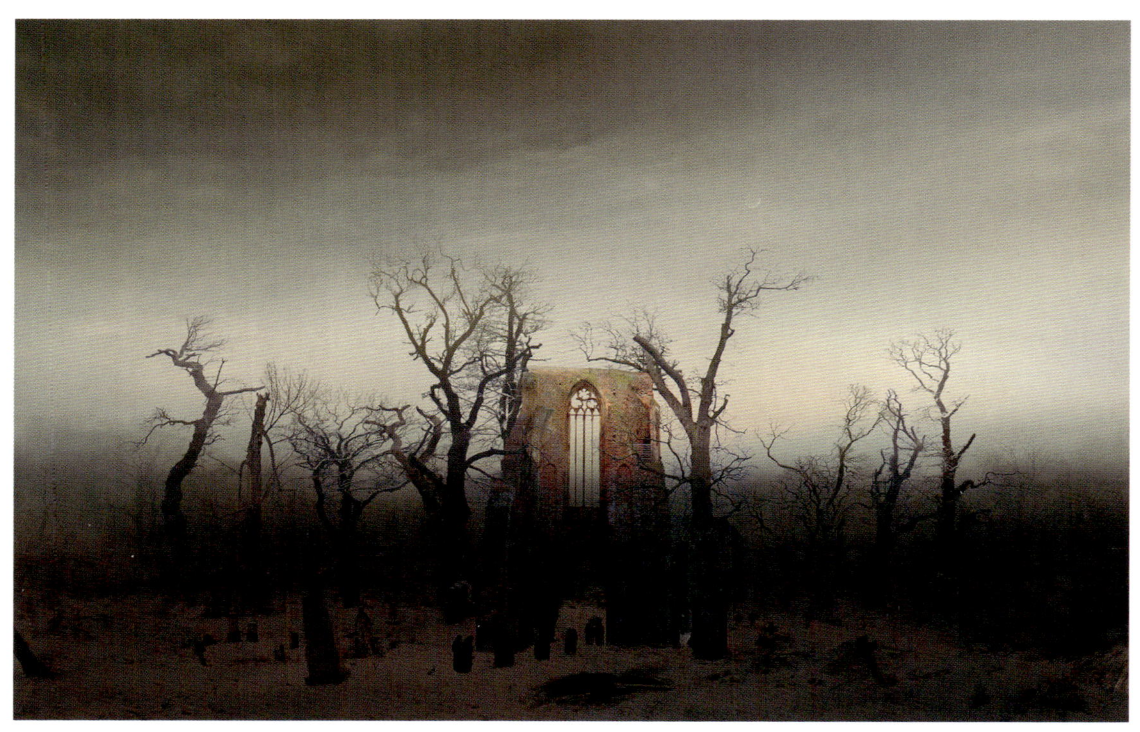

Abtei im Eichwald 1808/10
dalla serie / from the series **Caspar David Friedrich**, 2018
lightbox, 110 × 171 cm
Courtesy dell'artista / the artist e/and Studio La Città, Verona

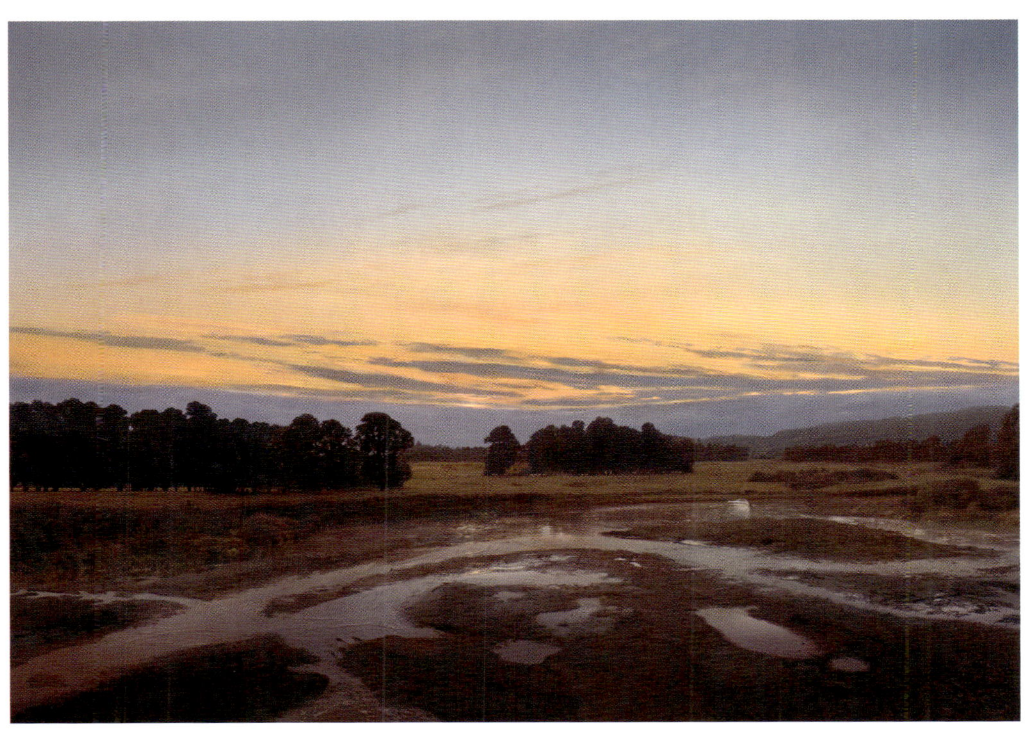

Das große Gehege 1832
dalla serie / from the series **Caspar David Friedrich**, 2016
lightbox, 73 × 102 cm
Courtesy dell'artista / the artist e/and Studio La Città, Verona

BIOGRAFIE

Emily Allchurch

(Jersey, 1974, vive tra Londra e Hastings, East Sussex)

Da sempre attratta dalle immagini dei grandi maestri della pittura, Emily Allchurch decide di ricrearne i dipinti trasportandoli nella contemporaneità.
Per questo si trasforma in una ricercatrice certosina di architetture che fotografa da una particolare prospettiva in determinati momenti del giorno per sfruttarne al meglio la luce.
Le migliaia di immagini realizzate sono poi ricontrollate al computer, tagliate, ridimensionate e inserite nei dipinti di partenza con Photoshop per ricreare scene dall'aria familiare, ma che nascondono una stratificazione di significati da scoprire.
Il suo punto di partenza è principalmente la città di Londra, che ritroviamo scomposta in una vuota Città Ideale o in un silenzioso canale veneziano nella serie *Settings* realizzata tra il 2003 e il 2006.
Alcune immagini sono diventate per lei delle vere e proprie ossessioni per l'affascinante struttura compositiva, ne è un esempio la *Torre di Babele* che l'artista ha sviluppato in cinque differenti versioni tra il 2005 e il 2018, ognuna delle quali con uno sviluppo iconografico differente.

Bibliografia: Bray & Moore Ede, *Emily Allchurch and the Old Masters*, National Gallery, London 2007.

Chan-Hyo Bae

(Pusan, 1975, vive e lavora a Londra)

Dopo gli studi in Corea del Sud, nel 2004 Chan-Hyo Bae si trasferisce a Londra, dove si scontra con la cultura occidentale. Curioso di scoprirla dopo averla conosciuta nei libri di storia, si trova ben presto respinto proprio da quella società che cercava di comprendere. Nasce da qui una delle sue serie più famose, *Existing in Costume*, iniziata nel 2005, che lo vede reinterpretare donne reali inglesi in una ricerca verso la quintessenza dell'essere 'British', che sente inafferrabile.
L'attenzione che dedica a ricreare gli abiti, il trucco e le pose dell'epoca è sostenuta da un profondo studio della storia inglese, unito a una sapiente demolizione dell'identità di genere, che diventa un vero e proprio leitmotiv delle sue fotografie e che continua nella fortunata serie *Fairy Tales,* iniziata nel 2008, ispirata alle fiabe occidentali in cui il fotografo veste i panni delle famose protagoniste, tra cui Cenerentola e Bella.
Evoluzione della prima serie è *Punishment* (2012), che ritrae figure importanti della storia inglese vittime di omicidio, accompagnate dalla presenza del loro assassino.

Bibliografia: Katy Barron, Amber Butchart, *Looking in: Photographic Portraits by Maud Sulter and Chan-Hyo Bae*, Ben Uri Gallery, London 2013.

James Casebere

(Lansing, 1953, vive e lavora a New York)

Appartenente all'ambito della Pictures Generation, James Casebere indaga il rapporto tra la fotografia, la realtà e la visione dello spettatore, sfruttando il potere illusorio delle immagini.
È uno degli esponenti più importanti della staged photography, che ha interpretato focalizzandosi sull'architettura degli ambienti, ricreati con precisione in studio e poi fotografati.
Nelle sue immagini non compare la figura umana, l'unica presenza permessa è quella dello spettatore, che si trova così trascinato in ambienti fuori dallo spazio e dal tempo.
Nelle prime serie, tutte in bianco e nero, le immagini hanno titoli descrittivi come *Fork in the refrigerator* (1975) oppure sono raccolte in serie come *Life Story* (1978).
Dopo un viaggio in Germania rimane colpito dal

BIOGRAPHIES

Emily Allchurch

(Jersey, 1974, lives in London and Hastings, East Sussex)

Attracted by great masterpieces of painting since childhood, Emily Allchurch decided to recreate the paintings by transporting them to the contemporary world.
To do this, she takes on the role of a painstaking researcher of architecture, photographing from a particular perspective at certain times of the day to make the most of the light.
The thousands of images she creates are then rechecked on the computer, cropped, resized and inserted into the original paintings using Photoshop to recreate scenes that look familiar but hide a stratification of meanings to be discovered.
Her starting point is generally the city of London, which we find broken down into an empty Ideal City or a silent Venetian Canal in the *Settings* series created between 2003 and 2006.
Some images have become true obsessions for her because of their fascinating compositional structure; an example is the *Tower of Babel*, which the artist developed in five different versions between 2005 and 2018, each with a different iconographic development.

Bibliographic ref.: Bray & Moore Ede, *Emily Allchurch and the Old Masters*, London, National Gallery, 2007.

Chan-Hyo Bae

(Pusan, 1975, lives and works in London)

After his studies in South Korea, in 2004 Chan-Hyo Bae moved to London, where he clashed with Western culture. Curious to explore it after having read about it in history books, he soon found himself estranged by the very society he was trying to understand. From this fact emerged one of his most famous series, *Existing in Costume*, started in 2005, which saw him reinterpret real English women in a search of the quintessence of being "British," which he felt was elusive.
The attention he dedicates to recreating the clothes, make-up and poses of the time is supported by a deep study of English history, combined with a skilful demolition of gender identity, which becomes a real leitmotif of his photographs and continues in the successful *Fairy Tales* series, begun in 2008, inspired by Western fairy tales and in which the photographer plays the role of the famous protagonists of the stories, including Cinderella and Bella.
An evolution of the first series is *Punishment* (2012), which portrays important figures in English history as murder victims, accompanied by the presence of their murderer.

Bibliographic ref.: Katy Barron, Amber Butchart, *Looking in: Photographic Portraits by Maud Sulter and Chan-Hyo Bae*, London, Ben Uri Gallery, 2013.

James Casebere

(Lansing, 1953, lives and works in New York)

A member of the Pictures Generation, James Casebere investigates the relationship between photography, reality and the viewer's vision, exploiting the illusory power of images.
He is one of the leading exponents of staged photography, which he has interpreted by focusing on the architecture of the settings, recreated with precision in the studio and then photographed.
In his images, the human figure does not appear: the only presence allowed is that of the spectator, who finds himself dragged into settings outside of space and time.
In the first series, all in black and white, the images have descriptive titles such as *Fork in the Refrigerator* (1975) or are collected in series such as *Life Story* (1978).

Reichstag di Berlino e dal bunker sottostante e decide di riprodurlo allagandolo (*Flooded Hallway*, 1998), iniziando così un leitmotiv che rimane costante nella sua produzione fotografica.
La presenza dell'acqua, legata all'idea di memoria e di perdita, gli permette di confrontarsi con la riflessione della luce e con il movimento.

Bibliografia: *James Casebere*, Charta, Milano; Sean Kelly Gallery, New York 2001; Olwui Enwezor (a cura di), *James Casebere. Works 1975-2010*, Damiani, Bologna 2011; Olwui Enwezor (a cura di), *James Casebere. Fugitive,* Prestel Pub, New York 2016.

Bruce Charlesworth

(Davenport, 1950, vive e lavora a Minneapolis)

Artista visivo, Bruce Charlesworth lavora con la fotografia, il video, la performance e le installazioni interattive.
Le sue immagini raccontano spesso storie ambigue, con elementi simili ai polizieschi o ai romanzi gialli, caratterizzati da scenografie ridotte al minimo, dai colori brillanti e piatti che sembrano set teatrali. Un senso di smarrimento e mistero caratterizza gli scatti e le diverse serie del fotografo.
In *Trouble* (1983) l'autore abbandona ogni legame narrativo tra le immagini della serie, lasciando che siano connesse solo dal loro stile visuale e dalla similitudine delle situazioni ritratte, mentre in *Men and Nature* (1989-1992) si ispira al concetto di sublime del romanticismo ottocentesco, costruendo set, alcune volte a dimensione naturale, che esprimano lo stesso senso di spaesamento e paura.

Bibliografia: *Private Enemy*, *Public Eye: The Work of Bruce Charlesworth*, Aperture, New York 1989.

Eileen Cowin

(New York, 1947, vive e lavora a Los Angeles)

Dopo essersi diplomata all'Università di New York, Eileen Cowin si avvicina negli anni settanta al mondo della fotografia sperimentale e agli artisti della Pictures Generation, che come lei stavano mettendo in atto un nuovo atteggiamento nei confronti della fotografia e delle sue pratiche.
Le immagini che crea Eileen Cowin sono simili a scene teatrali e televisive, dove gli attori che le interpretano agiscono come su un set.
Una delle serie più famose, *Family Docudrama* (1980-1983), si colloca in quello spazio tra la soap opera e l'arte concettuale: i protagonisti delle immagini sono la stessa artista con i suoi familiari, intenti a ricreare scene di vita comune in cui i vari elementi dell'immagine diventano suggestioni per costruire storie diverse a seconda dell'immaginazione degli spettatori.
Il suo lavoro si evolve negli anni affrontando anche tematiche sociali, sempre mantenendo una profonda connessione tra finzione e realtà, dove i gesti e la narrazione sono i cardini di lettura delle immagini.

Bibliografia: Sue Spaid, *Eileen Cowin, Work 1971-1998. Still (and all)*, Armory Center for the Arts, Pasadena 2000.

Thomas Demand

(Monaco di Baviera, 1964, vive e lavora a Berlino)

Thomas Demand si forma come scultore e inizialmente utilizza la fotografia solo come mezzo per registrare le sue creazioni effimere, realizzate con la carta. È solo nel 1993 che decide di dedicarsi completamente alla fotografia, sviluppando un particolare processo creativo, vicino all'arte concettuale, che lo ha reso uno dei fotografi più complessi nell'ambito della staged photography.
Ispirandosi a immagini di luoghi in cui sono avvenuti eventi importanti, soprattutto in ambito politico, Thomas Demand li ricrea in scala 1:1 per poi fotografarli. I modellini ricostruiti vengo sempre distrutti, unica eccezione è *Blue Grotto* (2006-2007), che è esposto permanentemente nella mostra *Processo Grottesco*, allestita alla Fondazione Prada di Milano e che permette di andare a fondo nella poetica del fotografo.
Negli ultimi anni ha cominciato a sperimentare anche con il video, realizzando film in 35mm, come *Pacific Sun* (2011), in cui ha messo in moto le sue immagini.

Bibliografia: *Thomas Demand*, Thames & Hudson, London 2001; *Thomas Demand. Processo Grottesco/ Yellowcake*, Progetto Prada Arte, Milano 2017; *Thomas Demand. The Complete Papers*, Mack Books, London 2018.

Bernard Faucon

(Apt, Francia, 1950, vive e lavora a Parigi)

Fotografo e filosofo, Bernard Faucon è tra i pionieri della staged photography.
Dopo la laurea in filosofia alla Sorbona di Parigi, nel 1974 comincia a elaborare l'idea di rendere protagonisti dei suoi scatti manichini di giovani ragazzi, che libera dalle vetrine per trascinarli a vivere nuove avventure.
Nasce così una delle sue serie più famose, *Summer Camp* (1976-1981).
I manichini, caricati in macchina e portati in giro per la Provenza, sono i protagonisti indiscussi delle sue fotografie e anche quando Bernard Faucon decide

After a trip to Germany he was struck by the Reichstag in Berlin and the bunker beneath and decided to reproduce it flooded (*Flooded Hallway*, 1998), thus initiating a leitmotif that has remained constant in his photographic production.
The presence of water, linked to the idea of memory and loss, allows him to tackle the reflections of light and movement.

Bibliographic ref.: *James Casebere*, Milan / New York, Charta / Sean Kelly Gallery, 2001; Olwui Enwezor (ed.), *James Casebere. Works 1975–2010*, Bologna, Damiani, 2011; Olwui Enwezor (ed.), *James Casebere: Fugitive*, New York, Prestel Pub, 2016.

Bruce Charlesworth

(Davenport, 1950, lives and works in Minneapolis)

A visual artist, Bruce Charlesworth works with photography, video, performance and interactive installations.
His images often tell ambiguous stories, with elements similar to detective stories or mystery novels, characterised by a minimal set design, with bright, flat colours to reproduce the effect of a theatre set. A sense of bewilderment and mystery characterises the photographer's shots and various series.
In *Trouble* (1983), the artist abandoned any narrative link between the images in the series, leaving them connected only by their visual style and the similarity of the situations portrayed, while in *Men and Nature* (1989–92) he was inspired by the concept of the sublime in nineteenth-century Romanticism, building sometimes life-size sets that express the same sense of disorientation and fear.

Bibliographic ref.: *Private Enemy, Public Eye: The Work of Bruce Charlesworth*, New York, Aperture, 1989.

Eileen Cowin

(New York, 1947, lives and works in Los Angeles)

After graduating from New York University, Eileen Cowin came to the world of experimental photography in the 1970s and the artists of the Pictures Generation, who, like her, were adopting a new attitude towards photography and its practices.
The images that Eileen Cowin creates are similar to theatre and TV scenes, in which the actors who play them perform as if they were on a set.
One of the most famous series, *Family Docudrama* (1980–1983), takes place in a space between soap opera and conceptual art: the protagonists of the images are the artist herself and her family, intent on recreating scenes of everyday life in which the various elements of the image become suggestions to build different stories according to the imagination of the spectators.
Her work has evolved over the years, also dealing with social issues but always maintaining a deep connection between fiction and reality, where gestures and narration are the cornerstones of the images.

Bibliographic ref.: Sue Spaid, *Eileen Cowin, Work 1971–1998. Still (and all)*, Pasadena, Armory Center for the Arts, 2000.

Thomas Demand

(Munich, 1964, lives and works in Berlin)

Thomas Demand trained as a sculptor and initially used photography only as a means to record his ephemeral creations made with paper. It was only in 1993 that he decided to devote himself completely to photography, developing an unusual creative process, close to conceptual art, that made him one of the most complex photographers in the field of staged photography.
Inspired by images of places where important events have taken place, especially in the political arena, Thomas Demand recreates them on a 1:1 scale and then photographs them. The reconstructed models are always destroyed, the only exception being *Blue Grotto* (2006–2007), which is on permanent display in the *Processo Grottesco* exhibition at Fondazione Prada in Milan, which provides an insight into the photographer's approach.
In recent years he has also started experimenting with video, making 35mm films, such as ***Pacific** Sun* (2011), in which he set his images in motion.

Bibliographic ref.: *Thomas Demand*, London, Thames & Hudson, 2001; *Thomas Demand. Processo Grottesco / Yellowcake*, Milan, Progetto Prada Arte, 2017; *Thomas Demand. The Complete Papers*, London, Mack Books, 2018.

Bernard Faucon

(Apt, France, 1950, lives and works in Paris)

A photographer and philosopher, Bernard Faucon is one of the pioneers of staged photography.
After graduating in philosophy from the Sorbonne in Paris, in 1974 he began to develop the idea of making mannequins of young boys the protagonists of his shots, which he freed from the shop windows and dragged into new adventures.
Thus was born one of his most famous series, *Summer Camp* (1976–1981).
The mannequins, loaded into the car and driven around Provence, are the undisputed protagonists

di inserire la presenza di ragazzi in carne e ossa, essi rimangono i padroni della scena.
Le sue immagini, stampate con il metodo Fresson, colpiscono per l'utilizzo della luce e dei colori saturi. Nel 1981 Bernard Faucon decide però di interrompere la fortunata serie e l'utilizzo dei manichini; le serie successive, fino al suo ritiro del 1995, si concentrano maggiormente sulla dimensione del tempo e della memoria.

Bibliografia: *Bernard Faucon. Jours d'Image, 1977-1995*, E.T., Treville, Japan 1995; Christian Caujolle, *Bernard Faucon*, Actes Sud, Arles 2005.

Joan Fontcuberta

(Barcellona, 1955, vive e lavora a Barcellona)

La ricerca artistica di Joan Fontcuberta è da sempre indirizzata a utilizzare la fotografia come strumento per mettere in crisi la nostra idea di realtà e di autorità.
Fotografo, curatore, saggista, insegnante, nel 1974 inizia a dedicarsi alle arti visive riuscendo durante tutta la sua carriera a sviluppare un provocatorio e giocoso modo di utilizzare le immagini per scardinare le certezze degli spettatori, lasciandoli spesso smarriti e divertiti. Il ritrovamento di inediti archivi zoologici di dubbia realtà costituisce una delle sue serie più famose e innovative, *Fauna Secreta* (1988), mentre nel 1997 racconta la sua versione della conquista dello spazio con il progetto *Sputnik* (1997). La finzione e una convincente narrazione si incontrano e scontrano nei suoi lavori più importanti.
L'avvento del mondo digitale e della vertigine di immagini che ne sono derivate ha portato Joan Fontcuberta a riflettere su tematiche sociali, come la pedagogia dell'immagine, e a teorizzare l'epoca della postfotografia.

Bibliografia: Joan Fontcuberta, *La (foto)camera di Pandora. La fotografi@ dopo la fotografia*, Contrasto, Milano 2012; Joan Fontcuberta, *Imago, ergo sum*, La Fabrica, Madrid 2016; Joan Fontcuberta, *La furia delle immagini. Note sulla postfotografia*, Einaudi, Torino 2018.

Julia Fullerton-Batten

(Brema, 1970, vive e lavora a Londra)

Nata in Germania, Julia Fullerton-Batten durante l'adolescenza si trasferisce a Londra dopo la separazione dei genitori. Un evento che ha sicuramente avuto una grande ricaduta emotiva sulla sua vita, tanto che una delle sue serie più famose, *Teenage Stories* (2005), è la narrazione evocativa della transizione di un'adolescente verso la maturità. Il suo stile si focalizza su un sapiente utilizzo della luce, lei stessa ammette di ispirarsi ad artisti come Edward Hopper e William Eggleston, e sull'inserimento di elementi immaginari che servono a intensificare la storia che sta raccontando.
Nelle serie successive abbandona gradualmente i temi autobiografici per avvicinarsi a tematiche sociali come in *The Act* (2016), che raccoglie quindici immagini di donne che lavorano per scelta nell'industria del sesso.
Queste donne, fotografate nel loro ambiente di lavoro ricostruito come fosse un set cinematografico, diventano protagoniste della loro stessa storia.

Bibliografia: Julia Fullerton-Batten, *Teenage Stories*, Actes Sud, Arles 2007; Julia Fullerton-Batten, *The Act*, Self-published, 2017.

Teun Hocks

(Leida, 1947, vive e lavora a Saint-Pierre-les-Bois, Francia)

Il lavoro di Teun Hocks si nutre delle suggestioni del surrealismo e in particolare dall'emersione delle immagini dall'inconscio. Fotografo, performer e pittore, interviene direttamente sui suoi scatti, realizzati dopo un lungo studio relativo soprattutto alla scelta della migliore ambientazione.
Il procedimento prende avvio con un bozzetto preparatorio che anticipa l'opera finita. L'artista allestisce poi un set, a cui egli stesso prende parte, che fotografa in numerose piccole polaroid, tra le quali può scegliere quella più in linea con la sua idea originaria. L'immagine finale viene stampata in bianco e nero e poi dipinta a mano con colori a tempera o a olio.
Le sue fotografie, che ricordano le atmosfere di Magritte, sono dominate da un approccio poetico al sogno e da un velo di umorismo che facilita la lettura delle immagini: Teun Hocks è l'emblema dell'uomo comune che si trova ad affrontare le difficoltà della vita.

Bibliografia: Janet Koplos, *Teun Hocks*, Aperture, New York 2006; *Teun Hocks. Untitled*, a cura di Gianpaolo Paci, catalogo della mostra, Agora35, Brescia 2016.

Alison Jackson

(Southsea, Portsmouth, 1960, vive e lavora a Londra)

Alison Jackson, fotografa inglese famosa per le sue immagini provocatorie, dissacranti e ironiche, ha cominciato a sviluppare il suo particolare stile fotografico mentre stava completando gli studi al Royal College of Art di Londra.
È nel 1999, dopo la morte di Lady Diana, che inizia la serie delle *Mental Images*, che continua tutt'ora, con uno scatto che ritrae la principessa e Dodi con il figlio che sarebbe potuto nascere

of his photographs and even when Bernard Faucon decides to include the presence of young boys in the flesh, they remain the masters of the scene. His images, printed using the Fresson method, are striking for their use of light and saturated colours. In 1981, however, Bernard Faucon decided to interrupt the successful series and the use of mannequins. The following series, produced until his retirement in 1995, focused more on the dimension of time and memory.

Bibliographic ref.: *Bernard Faucon. Jours d'Image, 1977-1995*. E.T., Treville, Japan, 1995; Christian Caujolle, *Bernard Faucon*, Arles, Actes Sud, 2005.

Joan Fontcuberta

(Barcelona, 1955, lives and works in Barcelona)

Joan Fontcuberta's artistic research has always been focused on using photography as a tool to disorientate our idea of reality and authority. Photographer, curator, essayist, teacher, in 1974 he began to devote himself to the visual arts, managing, throughout his career, to develop a provocative and playful way of using images to undermine the certainties of spectators, frequently leaving them bewildered and amused. Discoveries of unpublished zoological archives of dubious reality were at the centre of one of his most famous and innovative series, *Fauna Secreta* (1988), while in 1997 he illustrated his version of the conquest of space with his *Sputnik* project. Fiction and convincing narration constantly meet and clash in his most important works.
The coming of the digital world and the resulting vertigo of images led Joan Fontcuberta to reflect on social issues, including studies and teachings on images, and theorising the era of Postphotography.

Bibliographic ref.: Joan Fontcuberta, *La (foto)camera di Pandora. La fotografi@ dopo la fotografia*, Milan, Contrasto, 2012; Joan Fontcuberta, *Imago, ergo sum*, Madrid, La Fabrica, 2016; Joan Fontcuberta, *La furia delle immagini. Note sulla postfotografia*, Turin, Einaudi, 2018.

Julia Fullerton-Batten

(Bremen, 1970, lives and works in London)

Born in Germany, Julia Fullerton-Batten moved to London during her adolescence after the separation of her parents. This was an event that clearly had a great emotional impact on her life; so much so that one of her most famous series, *Teenage Stories* (2005), is the evocative narrative of an adolescent's transition to maturity. Her style focuses on a skilful use of light (she herself admits to being inspired by artists such as Edward Hopper and William Eggleston) and the inclusion of imaginary elements that serve to intensify the story she is telling. In the following series she gradually abandoned autobiographical themes to explore social issues as in *The Act* (2016), which brings together 15 images of women working by choice in the sex industry.
These women, photographed in their working environment reconstructed as if it were a film set, become the protagonists of their own story.

Bibliographic ref.: Julia Fullerton-Batten, *Teenage Stories*, Arles, Actes Sud, 2007; Julia Fullerton-Batten, *The Act*, self-published, 2017.

Teun Hocks

(Leiden, 1947, lives and works in Saint-Pierre-les-Bois, France)

Teun Hocks's work feeds on the suggestions of surrealism and in particular on the emergence of images from the subconscious. Photographer, performer and painter, he intervenes directly on his images, taken after a long study, especially as regards the choice of the best setting.
The procedure begins with a preparatory sketch that anticipates the finished work. The artist then creates a set, in which he himself takes part and which he photographs in numerous small Polaroids, from which he can choose the one most in line with his original idea. The final image is printed in black and white and then hand-painted with tempera or oil colours.
His photographs, reminiscent of Magritte's atmospheres, are dominated by a poetic approach to dreams and a veil of humour that facilitates the interpretation of the images: Teun Hocks is the emblem of the common man facing life's difficulties.

Bibliographic ref.: Janet Koplos, *Teun Hocks*, New York, Aperture, 2006; Gianpaolo Paci (ed.), *Teun Hocks. Untitled*, exhibition catalogue, Brescia, Agora35, 2016.

Alison Jackson

(Southsea, Portsmouth, 1960, lives and works in London)

Famous for her provocative, irreverent and ironic images, Alison Jackson, an English photographer, began developing her particular style of imagery while completing her studies at the Royal College of Art in London. It was in 1999, after the death of Lady Diana, that the *Mental Images* series began – and which continues to this day – with a shot depicting the princess and Dodi with the son who could have been born from that relationship. The images that Alison Jackson creates, precisely, are

da quella relazione. Le immagini che Alison Jackson realizza sono appunto immagini mentali, quelle che ognuno di noi crea quando pensa alla vita privata delle celebrità.
Il gioco tra finzione e realtà è così dirompente da mettere a rischio la conclusione della sua carriera di studi, ma diventa il suo speciale modo di lettura del mondo contemporaneo.
Anche se i suoi soggetti ricorrenti sono i componenti della famiglia reale, la sua pungente macchina fotografica, che si rifà alla pratica dei paparazzi, arriva fin oltre oceano e colpisce nel passato il presidente John Fitzgerald Kennedy e nel presente l'attuale presidente, Donald Trump.

Bibliografia: *Private - Alison Jackson*, Alison Jackson Publishing, London 2016-2017.

Yeondoo Jung

(Jinju, 1969, vive e lavora a Seoul)

Fotografo, scultore e artista VR, Yeondoo Jung riconsegna allo spettatore una visione surreale e fantastica della vita di tutti i giorni. Dopo un'iniziale formazione in Corea del Sud, si trasferisce a Londra, dove nel 1997 si diploma al Goldsmiths College.
Interessato anche ai processi della tecnica fotografica, decide di realizzare i suoi scatti in ambientazioni reali, che contamina aggiungendo oggetti o scenografie e che fotografa con l'utilizzo di numerose macchine fotografiche.
Per questo motivo si ritiene più un fotografo documentarista che un creatore di messe in scena. L'azione dello scatto diventa così centrale in questa poetica, poiché lo differenzia dai tanti utilizzatori di programmi di photoediting, che oggi saturano il mercato. Così nascono le immagini della serie *Location* (2007), in cui il fotografo racconta la nostra contemporaneità, dove coesistono realtà e finzione. Da sempre affascinato anche dai pensieri, dalle fantasie e dai sentimenti delle persone comuni, le rende protagoniste dei suoi scatti come nel progetto *Wonderland* (2004), nel quale ricrea in tre dimensioni disegni di bambini.

Bibliografia: *Handmade Memories: Yeondoo Jung*, Kukje Gallery, Seoul 2008.

David LaChapelle

(Simsbury, 1963, vive e lavora tra Los Angeles e Maui)

Fotografo e regista, David LaChapelle ha sviluppato negli anni uno stile così riconoscibile da renderlo un'icona anche al di fuori del mondo della fotografia. La sua carriera inizia a soli 17 anni, quando Andy Warhol gli offrì un servizio su "Interview Magazine". Anno dopo anno si è affermato come figura di riferimento per il mondo dello spettacolo, della moda e della musica.
Le sue immagini ricche di colori puri, brillanti e dalle pose che richiamano la classicità sono state pubblicate in innumerevoli riviste di moda e sono state utilizzate in ambito pubblicitario fino all'inizio degli anni 2000, garantendo a LaChapelle una fama planetaria.
Nel 2006 decide però di dedicarsi solo alla fotografia artistica e si trasferisce alle Hawaii: è l'anno in cui realizza *The Deluge*, la sua personale versione del *Diluvio Universale* di Michelangelo. I protagonisti sono truccati, ritoccati, caotici, eccessivi, portatori di tutte quelle che sono le condizioni della società contemporanea verso cui il fotografo cerca di porre l'attenzione. È l'inizio di un nuovo periodo che lo vede affrontare temi importanti come il cambiamento climatico, sempre però mantenendo il suo stile pittoresco, come avviene in modo esemplare nei cicli *Land Scape* (2013) e *Gas Stations* (2012).

Bibliografia: Gianni Mercurio, Ida Parlavecchio (a cura di), *David LaChapelle*, Giunti GAMM, Milano 2015; *David LaChapelle. Lost + found - Good news*, 2 voll., Taschen, Köln 2017.

David Levinthal

(San Francisco, 1949, vive e lavora a New York)

Dopo gli studi a all'Università di Standford, David Levinthal ottiene il diploma in Belle Arti all'Università di Yale nel 1973. Da sempre affascinato dai giocattoli e dai soldatini decide di renderli protagonisti dei suoi scatti, profondamente legati alla storia e alla cultura americana. Nel 1977, in collaborazione con il fumettista Garry Trudeau, pubblica *Hitler Moves East*, libro fotografico che ripercorre l'invasione di Hitler della Russia, realizzato interamente grazie a soldatini e ricostruzioni in studio degli ambienti di guerra. Un progetto sperimentale e innovativo che inizialmente viene scambiato per una reale documentazione della Seconda Guerra Mondiale.
Il confronto con i miti della storia americana e la cultura contemporanea lo ha portato a ideare in seguito serie come *Wild West* (1988-1989), racconto della conquista del West, *American Beauty* (1990) e *Barbie* (1997-1998) che si concentrano sulla versione idealizzata della bellezza femminile, fino alla più recenti *Pin Ups* (2015) e *History* (2010-2018).

Bibliografia: *David Levinthal. War, Myth, Desire,* catalogo della mostra, George Eastman House Museum/ Kehrer Verlag, New York 2018.

mental images, those that each of us creates when we think about the private life of celebrities.
The interplay between fiction and reality is so disruptive that it jeopardised the end of her academic course, but it has become her special way of reading the contemporary world. Even though her recurring subjects are the members of the royal family, her acute vision, which draws on the practice of paparazzi, reaches all the way across the ocean and strikes at past figures like President John Fitzgerald Kennedy and those of the present, such as the current President, Donald Trump.

Bibliographic ref.: *Private - Alison Jackson*, London, Alison Jackson Publishing, 2016–2017.

Yeondoo Jung

(Jinju, 1969, lives and works in Seoul)

Photographer, sculptor and VR artist, Yeondoo Jung offers the viewer a surreal and fantastic vision of everyday life. After initial training in South Korea, he moved to London, where in 1997 he graduated from Goldsmiths College.
Fascinated by the processes of photographic technique, he decided to take his photos in real settings, which, however, he contaminates by adding objects or sets, and photographs using a wide and varied range of equipment.
This is why he considers himself more of a documentary photographer than a creator of staging. The action of photographing thus becomes central to his poetics, differentiating it from the many users of photo editing programs, which today saturate the market. This is how the images of the *Location* series (2007) were born, in which the photographer describes our contemporary context, where reality and fiction coexist.
Always fascinated by the thoughts, fantasies and feelings of ordinary people, he makes them the protagonists of his shots as in the *Wonderland* project (2004), in which he recreates drawings of children in three dimensions.

Bibliographic ref.: *Handmade Memories: Yeondoo Jung*, Seoul, Kukje Gallery, 2008.

David LaChapelle

(Simsbury, 1963, lives and works in Los Angeles and Maui)

Photographer and director, over the years David LaChapelle has developed a style so recognisable that it has become iconographic even outside the world of photography. His career began at the age of 17, when Andy Warhol offered him a feature in *Interview Magazine*. Year after year he then established himself as a referential figure in the world of entertainment, fashion and music.
His images – rich in pure, bright colours and poses that evoke classicism – have been published in countless fashion magazines and were much in demand in advertising until the early 2000s, guaranteeing LaChapelle worldwide fame.
In 2006, however, he decided to devote himself entirely to artistic photography and moved to Hawaii: this was the year he made *The Deluge*, his personal version of Michelangelo's *The Flood*. The contemporary protagonists are made up, retouched, chaotic, excessive, bearers of all the conditions of today's society on which the photographer focuses our attention. This was the beginning of a new period which saw him address important issues such as climate change, while always maintaining a fake classical style, as seen in an exemplary way in the *Land Scape* (2013) and *Gas Stations* (2012) cycles.

Bibliographic ref.: Gianni Mercurio, Ida Parlavecchio (eds.), *David LaChapelle*, Milan, Giunti GAMM, 2015; *David LaChapelle. Lost + Found - Good News*, 2 vols., Cologne, Taschen, 2017.

David Levinthal

(San Francisco, 1949, lives and works in New York)

After studying at Stanford University, David Levinthal graduated in Fine Arts at Yale University in 1973. Always fascinated by toys and toy soldiers, he decided to make them the protagonists of his photos, deeply linked to American history and culture. In 1977, in collaboration with the cartoonist Garry Trudeau, he published *Hitler Moves East*, a photographic book that traces Hitler's invasion of Russia, created entirely thanks to toy soldiers and studio reconstructions of war and battlefield environments. An experimental and innovative project that was initially mistaken for a genuine study of the real Second World War.
The comparison with the myths of American history and contemporary culture led him to later conceive series such as *Wild West* (1988–1989), a tale about the conquest of the West, *American Beauty* (1990) and *Barbie* (1997–1998) which focus on idealised versions of female beauty, up to the most recent *Pin Ups* (2015) and *History* (2010–2018).

Bibliographic ref.: *David Levinthal: War, Myth, Desire*, exhibition catalogue, New York, George Eastman House Museum/Kehrer Verlag, 2018.

Hiroyuki Masuyama

(Tsukuba, 1968, vive e lavora a Düsseldorf)

Da sempre affascinato dalla storia dell'arte occidentale e dai grandi pittori del romanticismo, per la loro capacità di incarnare uno spirito passionale e avventuroso, Hiroyuki Masuyama ricrea quelle stesse atmosfere attraverso la macchina fotografica e l'intervento digitale.
Dopo una formazione artistica a Tokyo nel 1995 si trasferisce in Germania dove si stabilisce definitivamente.
Dalla profonda vicinanza che Hiroyuki Masuyama sente con il pittore tedesco Caspar David Friedrich nasce la serie *After Caspar David Friedrich* (2016-2018), nella quale il fotografo ricrea attraverso la macchina i dipinti del maestro del romanticismo, a parità di stagione e condizioni atmosferiche.
Lo stesso sentimento lo anima nella vicinanza artistica che sente con il pittore inglese Joseph Mallord William Turner, tanto da ripercorrerne il viaggio che fece intorno al 1840, scattando centinaia di fotografie dalle stesse angolazioni utilizzate dal pittore per la realizzazione delle sue opere: con modifiche infinitesimali, ha riassemblato digitalmente questo materiale ottenendo delle opere simili ma differenti rispetto all'opera di partenza. Il risultato finale diventa la serie *After J.M.W. Turner* (2007 -2010), light boxes delle stesse dimensioni del dipinto originale, che evocano e rappresentano la stratificazione di diverse immagini.

Bibliografia: Angela Madesani, *Hiroyuki Masuyama. After J.M.W. Turner, Il Vaggio di Turner da Londra a Venezia*, Studio La Città, Verona 2008; Ada Patrizia Fiorillo, Hiroyuki Masuyama, *Hiroyuki Masuyama. Cava de' Tirreni 1792-2012*, Paparo, Roma 2013.

Nic Nicosia

(Dallas, 1951, vive e lavora a Dallas)

Nic Nicosia ha conseguito il diploma dall'Università del Nord del Texas in Film – Radio – TV, con specializzazione in cinema.
I suoi studi cinematografici gli hanno permesso di creare immagini che lo hanno reso internazionalmente famoso all'inizio degli anni ottanta, quando ha raccontato nelle sue fotografie la vita familiare della classe media americana, con le sue contraddizioni e falsità, che serpeggiavano appena sotto la superficie.
Scostandosi dal natura documentarista della fotografia classica, ha deciso di fotografare set costruiti da lui stesso, in grado di ricreare situazioni verosimili. Si è concentrato soprattutto su quegli ambienti universalmente familiari (la camera da letto, la cucina) che ha ritratto con sapiente ironia nelle serie *Domestic Dramas* (1982) e *Near (modern) Disasters* (1983).
I suoi ultimi lavori hanno abbracciato i diversi media artistici, dal film fino alla scultura.

Bibliografia: *Nic Nicosia*, University of Texas Press, Austin 2012.

Lori Nix

(Norton, 1969, vive e lavora a New York)

Nata in Kansas, in un luogo spesso vittima di disastri naturali, Lori Nix viene affascinata fin da bambina dalle situazioni di calamità naturale e dalla particolare atmosfera che creano.
Nel 1999 si trasferisce a New York dove trova ispirazione per la sua prima serie *The City* in cui immagina Brooklyn e New York City dopo la scomparsa del genere umano. Decide così di ricreare quelle 'familiari' ambientazioni di eventi disastrosi in piccoli diorama che realizza nel suo studio e poi fotografa. Le immagini che ne risultano sono dettagliatissime e sembrano mostrare luoghi reali se non fosse per la presenza di piccoli elementi che, a uno sguardo attento, si scoprono fuori posto.
I disastri naturali di Lori Nix non sono angoscianti o angosciati, ma trasmettono una sensazione di calma e quiete, quasi come fossero anche nostri ricordi.

Bibliografia: *Lori Nix. Another World*, Vanilla Edizioni, Albissola 2012.

Erwin Olaf

(Hilversum, 1959, vive e lavora ad Amsterdam)

Fotografo di origini danesi, Erwin Olaf si è dedicato alla fotografia commerciale e artistica, diventando famoso per i suoi ritratti stilizzati, realizzati in studio con ambientazioni teatrali e una profonda cura dell'utilizzo della luce. Nel 2018 il Rijksmusuem di Amsterdam ha acquisito 500 sue opere, anche a seguito dei ritratti ufficiali realizzati dall'artista alla famiglia reale olandese.
La prima notorietà giunge con la serie *Chessmen*, che gli fa vincere il premio Giovane Fotografo Europeo dell'Anno nel 1988. Ha sperimentato sia con il bianco e nero che con il colore, diventando sempre più attento alla costruzione delle ambientazioni delle fotografie di cui è anche regista, spaziando dalla essenzialità delle immagini fortemente post-prodotte di *Royal Blood* (2000) ai set più impegnativi come quelli di *Grief* (2007), *Berlin* (2012) o della più recente *Palm Springs* del 2018. Alcune sue serie sviluppano una sapiente narrazione come *Dusk and Dawn*

Hiroyuki Masuyama

(Tsukuba, 1968, lives and works in Düsseldorf)

Fascinated by the history of Western art and the great painters of Romanticism, for their ability to express a passionate and adventurous spirit, Hiroyuki Masuyama recreates the same spirit and atmosphere through the camera and through digital processing.
After finishing his artistic training in Tokyo in 1995, he moved to Germany, and definitely settled there. Inspired by a profound closeness with the German painter Caspar David Friedrich, Hiroyuki Masuyama created the *After Caspar David Friedrich* series (2016–2018), in which the photographer recreates the German artist's paintings through his camera, reproducing the same seasons and atmospheric conditions.
A similar intense feeling of closeness animated Masuyama concerning the English painter Joseph Mallord William Turner, causing him to retrace a journey Turner made around 1840, taking hundreds of photographs from the same angles used by the painter for his paintings: with infinitesimal modifications, he digitally reassembled this material creating works extremely close to but different from the paintings. The final result became the *After J.M.W. Turner* series (2007–2010), using light boxes of the same size as the original paintings, thus evoking and exploiting layers from different images.

Bibliographic ref: Angela Madesani, *Hiroyuki Masuyama. After J.M.W. Turner, Il Vaggio di Turner Da Londra a Venezia*, Verona, Studio La Città, 2008; Ada Patrizia Fiorillo, Hiroyuki Masuyama, *Hiroyuki Masuyama. Cava de' Tirreni 1792-2012*, Rome, Paparo, 2013.

Nic Nicosia

(Dallas, 1951, lives and works in Dallas)

Nic Nicosia graduated from the University of North Texas in Film - Radio - TV, specialising in cinema.
His film studies allowed him to create images that made him internationally famous at the beginning of the 1980s, when through his photographs he described the family life of the American middle class, with its contradictions and falsehoods circling just below the surface.
Moving away from the documentary nature of classical photography, he decided to photograph sets constructed by himself, capable of recreating plausible situations. He concentrated above all on those universally familiar environments (the bedroom, the kitchen) which he portrayed with acute irony in the *Domestic Dramas* (1982) and *Near (modern) Disasters* series (1983).
His latest works have embraced different artistic media, from film to sculpture.

Bibliographic ref.: *Nic Nicosia*, Austin, University of Texas Press, 2012.

Lori Nix

(Norton, 1969, lives and works in New York)

Born in Kansas, in a place that is often struck by natural disasters, Lori Nix has been fascinated, since she was a child, by such calamities and the special mood they create.
In 1999, she moved to New York where she found inspiration for her first series, *The City*, in which she imagined Brooklyn and New York City after the disappearance of mankind. She thus decided to recreate those "familiar" settings of disastrous events in small dioramas that she creates in her studio and then photographs. The resulting images are very detailed and would appear to show real places if it were not for the presence of small elements that, upon closer look, turn out to be out of place.
Lori Nix's natural disasters are not distressing or distressed, but convey a feeling of calm and quiet, almost as if they were our memories.

Bibliographic ref.: *Lori Nix. Another World*, Albissola, Vanilla Edizioni, 2012.

Erwin Olaf

(Hilversum, 1959, lives and works in Amsterdam)

A photographer of Danish origin, Erwin Olaf has dedicated himself to commercial and artistic photography, becoming famous for his stylised portraits, realised in his studio with theatrical settings and a close attention to the use of light. In 2018, the Rijksmuseum in Amsterdam acquired 500 of his works in the wake of the artist's official portraits of the Dutch royal family.
He rose to fame with the *Chessmen* series, which won him the Young European Photographer of the Year award in 1988.
He has experimented with both black and white and colour, becoming increasingly interested in the construction of the settings of the photographs of which he is also the creator, ranging from the essentiality of the strongly post-produced images of *Royal Blood* (2000) to more challenging sets such as those of *Grief* (2007), *Berlin* (2012) and the more recent *Palm Springs* of 2018.
Some of his series present a complex narrative like *Dusk and Dawn* (2009), a work in two parts that reflect each other by contrast. *Dusk* is inspired

(2009), lavoro in due parti che si riflettono per contrasto. *Dusk* è ispirato da uno scatto realizzato nel 1990 che ritrae studenti afroamericani in una scuola nella Virginia del XIX secolo. Erwin Olaf decide di scattare nero su nero, tornando a una tecnica che aveva utilizzato nei primi anni novanta, ritraendo una famiglia di classe media afroamericana in ambienti del XX secolo. In contrapposizione *Dawn* rappresenta una famiglia russa ritratta in un ambiente dai toni chiari, tendenti al bianco assoluto.

Bibliografia: *Erwin Olaf – I Am*, Aperture, New York, 2019; Walter Guadagnini, *Erwin Olaf*, Silvana Editoriale, Cinisello Balsamo 2020.

Luigi Ontani
(Vergato, 1943, vive e lavora a Roma)

Artista poliedrico, Luigi Ontani ha fatto della rappresentazione di se stesso la cifra stilistica del suo lavoro. Dopo aver studiato all'Accademia delle Arti di Bologna, agli inizi degli anni settanta inizia a creare i suoi particolari *tableaux vivants*, in cui veste i panni di diverse personalità, ispirandosi soprattutto alla storia dell'arte classica o alla letteratura.
Le sue fotografie, a grandezza naturale o piccole come cammei, hanno evidenziato da subito il suo approccio irriverente e manipolatore, che ha investito anche i titoli delle sue opere creando divertenti giochi di parole tra cui possiamo ricordare *NarcisOnfalONANallaSORGENTEdelNIENTE* (1970) e *Alberi l'ontani* (1975).
L'artista ha portato la pratica dell'autoritratto a superare i limiti consueti del suo tempo, andando oltre l'autobiografismo, attraverso la citazione, la memoria del passato, l'ispirazione alla cultura orientale, in direzione di una sintesi poetica e di senso che nasce dalla combinazione di vari elementi.

Bibliografia: Alessandra Galasso, Giulio di Gropello (a cura di), *Luigi Ontani. OntanElegia*, Allemandi, Torino 2004; Gianfranco Maraniello, Franco La Cecla, Claudio Marra, *Luigi Ontani*, Mambo, Bologna 2009.

Jiang Pengyi
(Hunan, 1977, vive e lavora a Pechino)

Le immagini di Jiang Pengyi non vogliono ricreare o rappresentare la realtà circostante: sono legate a essa poiché iconograficamente sono il risultato del suo fare artistico, ma il punto focale della poetica dell'artista è il rifiuto dell'immagine, alla ricerca di un'espressione dell'essenza astratta degli oggetti. Non vi sono narrazioni, non vi sono rappresentazioni, ma una ricerca del livello essenziale delle cose attraverso la fotografia. Pessimista nei confronti dell'evoluzione della società moderna, Jiang Pengyi nella serie *Unregistered City* (2008-2010) fotografa rovine e, digitalmente, aggiunge immagini di architetture urbane sulla loro sommità o in mezzo a esse, in modo che si fondano creando un mondo completamente in rovina. Il rifiuto delle immagini appare evidente dalla sua produzione dopo il 2009, in *Everything Illuminates* (2012) vediamo letti, candelabri, sedie fondersi con liquidi fluorescenti che ne confondono le fattezze, eliminando la loro forma.

Bibliografia: *Jiang Pengyi*, Blindspot Gallery, Hong Kong 2013.

Andres Serrano
(New York, 1950, vive e lavora a New York)

Andres Serrano non si considera un fotografo, ma un artista il cui strumento espressivo è la fotocamera. I suoi lavori trovano ispirazione nel Rinascimento italiano e nell'iconografia religiosa – probabile eredità dell'ambiente cattolico nel quale è cresciuto – ma spesso i suoi scatti sono stati condannati come provocatori o blasfemi, soprattutto per l'utilizzo di fluidi corporei come il sangue, il latte e lo sperma, che caratterizzano i suoi primi lavori (1984-1987) o la serie *The Morgue* (1992).
Caso esemplare è il *Piss Christ* del 1987, che fa parte della serie *Immersions* (1987-1990), che ritrae un crocifisso di plastica immerso in quella che si ipotizza sia l'urina dell'artista. L'opinione pubblica e la critica si sono profondamente divise tra la condanna dell'operazione e l'esaltazione della trasgressione. Ciò che interessa all'artista in realtà è indirizzare l'attenzione del pubblico sui temi più controversi della società contemporanea (la religione, la sessualità e le sue pratiche, il voyerismo, la morte), rendendole evidenti in immagini che si distinguono per la loro seducente e inquietante bellezza: tra le tante si possono ricordare *The Klan* (1990), *A History of Sex* (1995-1996) e *Torture* (2015).

Bibliografia: Germano Celant, James Frey (testi di), *Andres Serrano. Holy Works*, Damiani, Bologna 2012; Michel Draguet, *Andres Serrano. Uncensored photographs*, Silvana Editoriale, Cinisello Balsamo 2016.

Cindy Sherman
(Glen Ridge, 1954, vive e lavora a New York)

Cindy Sherman, pioniera della staged photography e rappresentante della Pictures Generation, è una delle artiste più conosciute a livello internazionale, e già nel 2012 il MoMA di New York le ha dedicato una grande retrospettiva.

by a shot taken in 1990 depicting African-American students at a school in nineteenth-century Virginia. Erwin Olaf decided to shoot black on black, returning to a technique he had used in the early 1990s, portraying an African-American middle-class family in twentieth-century settings. In contrast, *Dawn* depicts a Russian family portrayed in a setting of light tones, tending towards absolute white.

Bibliographic ref.: *Erwin Olaf – I Am*, New York, Aperture, 2019; Walter Guadagnini, *Erwin Olaf*, Cinisello Balsamo, Silvana Editoriale, 2020.

Luigi Ontani

(Vergato, 1943, lives and works in Rome)

Luigi Ontani is a highly multifaceted artist, but the key stylistic code of his work lies in the surreal and ironic representation of himself. After studying at the Academy of Arts in Bologna, in the early 1970s he began to create and photograph his meticulous *Tableaux Vivants*, in which he plays the role of different iconic and symbolic personalities, drawing inspiration above all from the history of classical art or literature.
His photographs, life-size or as small cameos, immediately highlighted his complex and irreverent approach, often enriching his works by providing them with curious titles and elusive word games, such as, for example *NarcisOnfalONANallaSORGENTEdelNIENTE* (1970) and *Alberi L'Ontani* (1975).
Luigi Ontani projected the practice of the self-portrait far beyond the usual limits, subverting autobiography through quotation, inventing memories of the past, often inspired by oriental culture, playing with poetic syntheses, meanings and serious parodies, juggling with eclectic combinations and esoteric layers of self-portraiture.

Bibliographic ref.: Alessandra Galasso, Giulio di Gropello (eds.), *Luigi Ontani. OntanElegia*, Turin, Allemandi, 2004; Gianfranco Maraniello, Franco La Cecla, Claudio Marra, *Luigi Ontani*, Bologna, Mambo, 2009.

Jiang Pengyi

(Hunan, 1977, lives and works in Beijing)

Jiang Pengyi's images do not seek to recreate or depict the surrounding reality: they are linked to it because iconographically they are the result of his artistic work, but the focal point of the artist's poetics is the rejection of the image, in search of an expression of the abstract essence of objects. There are no narratives, no representations, but a search for the essential level of things through photography. Pessimistic about the evolution of modern society, in the *Unregistered City* series (2008–10) Jiang Pengyi photographs ruins and digitally adds images of urban architecture on top of or in between them, so that they merge to create a world completely in ruins. The rejection of images is evident from his production after 2009: in *Everything Illuminates* (2012) we see beds, candlesticks, chairs merge with fluorescent liquids that confuse their features, eliminating their shape.

Bibliographic ref.: *Jiang Pengyi*, Hong Kong, Blindspot Gallery, 2013.

Andres Serrano

(New York, 1950, lives and works in New York)

Andres Serrano does not consider himself a photographer, but an artist whose expressive tool is the camera. His works are inspired by the Italian Renaissance and religious iconography – probably a legacy of the Catholic environment in which he grew up – but his shots have often been condemned as provocative or blasphemous, especially for the use of bodily fluids such as blood, milk and sperm, featured in his early works (1984–1987) or *The Morgue* series (1992).
An exemplary case is the 1987 *Piss Christ*, part of the *Immersions* series (1987–1990), which portrays a plastic crucifix immersed in what is assumed to be the artist's urine. Public opinion and critics are deeply divided between a condemnation of the operation and the exaltation of transgression. What in reality interests the artist is to direct the public's attention to the most controversial themes of contemporary society (religion, sexuality and its practices, voyeurism, death), making them evident in images that stand out for their seductive and disturbing beauty. Among the many we may mention are *The Klan* (1990), *A History of Sex* (1995–1996) and *Torture* (2015).

Bibliographic ref.: Germano Celant, James Frey (texts by), *Holy Works, by Andres Serrano*, Bologna, Damiani, 2012; M. Draguet, *Andres Serrano. Uncensored Photographs*, Cinisello Balsamo, Silvana Editoriale, 2016.

Cindy Sherman

(Glen Ridge, 1954, lives and works in New York)

Cindy Sherman, a pioneer of staged photography and representative of the Pictures Generation, is one of the most famed artists at an international level, and had a major retrospective dedicated to her already in 2012 by the MoMA in New York.
After being rejected in her preliminary photography

Dopo essere stata respinta all'esame preliminare di fotografia per scarsa tecnica di stampa, si avvicina all'arte dedicandosi alla pittura. Grazie ad alcuni compagni di corso però torna a sperimentare con la fotografia, ideando nel 1977 quella che è una delle sue serie più note, *Untitled Film Stills*. Ispirandosi ai B movie americani e all'immaginario televisivo degli anni cinquanta e sessanta, Cindy Sherman diventa la protagonista di 69 scatti che parodizzano gli stereotipi imposti alla donna dalla società. Vestendo sempre panni diversi, sceglie inquadrature particolari che riescono perfettamente a essere scambiate per frammenti di film, catturando lo spettatore in una narrazione sospesa che può liberamente riempire.
Questo è il punto di partenza del suo lavoro, che la vedrà poi reinterpretare quadri famosi (*Ritratti storici e antichi maestri*, 1989), utilizzare manichini come succede tra gli anni ottanta e novanta, o più recentemente travestirsi da *Clown* (2004).
Le immagini che crea non sono autoritratti, ma, come un'attrice di teatro, l'artista impersona diversi ruoli e personaggi.

Bibliografia: Eva Raspini, *Cindy Sherman*, catalogo della mostra, MoMA Publication, New York 2012.

Laurie Simmons

(New York, 1949, vive e lavora tra New York e Cornwall, Connecticut)

Cresciuta nella periferia di New York, Laurie Simmons è stata spettatrice del cambiamento sociale e culturale che ha portato l'esplosione del consumismo americano dopo la Seconda guerra mondiale. Affiliata al gruppo della Pictures Generation, Laurie Simmons si dedica inizialmente alla descrizione della vita familiare della Middle Class negli anni sessanta come nelle serie *Early Black and White* (1976-1978), *Black Series* (1978-1979) e *Early Color Interiors* (1978-79) . Le famiglie americane del periodo, vivendo il benessere economico senza precedenti che caratterizza la nascita della società dei consumi di massa, andavano verso una conformità di ambienti e situazioni domestiche: cucine tutte uguali, per vite uguali, in cui le donne si standardizzano. Criticando questa evoluzione, alla fine degli anni settanta, Laurie Simmons ricrea questi ambienti utilizzando arredamenti e figure che prende in prestito da case delle bambole, mostrando così un particolare approccio che rimarrà costante nella sua produzione successiva.
Tra gli anni ottanta e novanta alle bambole si unisce un pupazzo del ventriloquo che le permette di esplorare la mascolinità e la porta nel 1993 a commissionare una bambola ventriloqua delle sue sembianze che troviamo nella serie *The Music of Regret* (1994). Le immagini che ritraggono questa bambola portano al massimo livello la confusione tra oggetto e persona, realtà e illusione, temi da sempre fondanti nella poetica della fotografa.

Bibliografia: Laurie Simmons, *Laurie Simmons: Walking, Talking, Lying*, Aperture Direct, New York 2005; Andrea Karnes, *Laurie Simmons: Big Camera/Little Camera*, Prestel, München 2018.

Sandy Skoglund

(Weymouth, 1946, vive e lavora a New York)

Dopo aver studiato arte nell'Iowa e Storia dell'Arte alla Sorbona di Parigi, Sandy Skoglund comincia a sviluppare un diverso modo di concepire l'immagine fotografica. Ne è un esempio lo scatto che la fece conoscere come una delle più innovative esponenti della staged photography: *Radioactive Cats* del 1980.
L'immagine vede come protagonisti due imperturbabili anziani in un ambiente neutro circondati da una innumerevole quantità di gatti verdi. È l'inizio di una serie di fotografie che raccontano un mondo fantastico, ma strettamente legato al nostro mondo reale, fatto di colori contrastanti e animali padroni della scena. I set vengono ideati e costruiti interamente da Sandy Skoglund che crea anche le sculture di resina che rappresentano gatti, volpi, pesci, gufi, in un lavoro meticoloso e lungo che le permette di realizzare solo un'immagine all'anno. Gli umani sono l'ultimo tocco prima dello scatto che congela questi ambienti che sembrano usciti da una fiaba.
La sua riflessione sul rapporto tra la fotografia, la scultura e l'installazione è continuato negli anni portandola a concepire la serie *Winter* (2018) su cui l'artista ha lavorato per oltre dieci anni.

Bibliografia: Germano Celant (a cura di), *Sandy Skoglund. Visioni Ibride*, Silvana Editoriale, Cinisello Balsamo 2019.

Hannah Starkey

(Belfast, 1971, vive e lavora a Londra)

Dopo gli studi tra Edimburgo e Londra, Hannah Starkey si stabilisce nella capitale inglese, dove verso la metà degli anni novanta comincia a realizzare fotografie utilizzando set molto curati. La sua prima personale è stata organizzata nel 2000 al Museo di Arti Moderne di Dublino.
Protagoniste dei suoi scatti sono le donne, interpretate da attrici professioniste o da persone conosciute per caso, scelte in base alla tipologia di donna che la fotografa ha in mente.
Hannah Starkey riesce a rappresentare qui momenti

exam for poor printing technique, she approached art by dedicating herself to painting. Thanks to some fellow students, however, she returned to experimenting with photography, creating what is one of her best-known series, *Untitled Film Stills*, in 1977. Inspired by American B movies and television imagery of the 1950s and '60s, Cindy Sherman became the protagonist of 69 shots that parody the stereotypes imposed on women by society. Always wearing different clothes, she chooses particular shots that might perfectly be mistaken for fragments of film, capturing the viewer in a suspended narrative that they can freely fill.
This is the starting point of her work, which has subsequently seen her reinterpret famous paintings (*Ritratti storici e antiche maestri – Historical Portraits and Old Masters*, 1989), using mannequins as she did between the 1980s and '90s or more recently dressing up as in *Clown* (2004).
The images she creates are not self-portraits, but like a theatre actress, the artist impersonates different roles and characters.

Bibliographic ref.: Eva Raspini, *Cindy Sherman*, exhibition catalogue, New York, MoMA Publication, 2012.

Laurie Simmons

(New York, 1949, lives and works in New York and Cornwall, Connecticut)

Growing up in the suburbs of New York, Laurie Simmons was a spectator of the social and cultural change that brought about the explosion of American consumerism after the Second World War. Affiliated with the Pictures Generation group, Laurie Simmons initially devoted herself to the description of middle class family life in the 1960s as in the *Early Black and White* series (1976–78), *Black Series* (1978–79) and *Early Color Interiors* (1978–79). The American families of the period, living the unprecedented economic well-being that characterised the birth of the mass consumer society, were moving towards a conformity of spaces and domestic situations: kitchens all the same, for identical lives, in which women become standardised. Criticising this evolution, at the end of the 1970s, Laurie Simmons recreated these environments using furniture and figures she borrowed from doll houses, thus showing a particular approach that would remain constant in her later production.
Between the 1980s and 1990s, a ventriloquist puppet was added to the dolls, allowing her to explore masculinity, and in 1993 she commissioned a ventriloquist doll of her likeness that we find in the *The Music of Regret* series (1994). The images depicting this doll bring the confusion between object and person, reality and illusion to the highest level, which themes have always been fundamental in the photographer's approach.

Bibliographic ref.: Laurie Simmons, *Laurie Simmons: Walking, Talking, Lying*, New York, Aperture Direct, 2005; Andrea Karnes, *Laurie Simmons: Big Camera/Little Camera*, Munich, Prestel, 2018.

Sandy Skoglund

(Weymouth, 1946, lives and works in New York)

After studying art in Iowa and Art History at the Sorbonne in Paris, Sandy Skoglund began to develop a different way of conceiving the photographic image. One example is the shot that made her known as one of the most innovative exponents of staged photography: *Radioactive Cats* of 1980.
The image features two imperturbable elderly people in a neutral environment surrounded by an innumerable number of green cats. This image marked the beginning of a series of photographs that tell of a fantastic world, but closely linked to our real world, made up of contrasting colours and animals that are the masters of the scene. The sets are designed and built entirely by Sandy Skoglund who also creates the resin sculptures of cats, foxes, fish or owls, in a meticulous and long work that allows her to create only one image per year. The humans are the last touch before the shot that fixes these environments that seem to come out of a fairy tale.
Her reflection on the relationship between photography, sculpture and installation has continued over the years, leading her to conceive the *Winter* series (2018) on which the artist has worked for more than ten years.

Bibliographic ref.: Germano Celant (ed.), *Sandy Skoglund. Visioni Ibride*, Cinisello Balsamo, Silvana Editoriale, 2019.

Hannah Starkey

(Belfast, 1971, lives and works in London)

After studying in both Edinburgh and London, Hannah Starkey settled in the British capital, where in the mid-1990s she began to create photographs using extremely carefully prepared sets. Her first solo exhibition was organised in 2000 at the Dublin Museum of Modern Arts.
The protagonists of her photos are women, played by professional actresses or by people met by chance, depending on the type of woman and situation that she has in mind to photograph.
Hannah Starkey is able to represent moments of passage, of waiting, of pause... moments

di passaggio, di attesa, di pausa, così frequenti per chi vive in città cosmopolite. Grazie a espedienti tipici del cinema, le persone ritratte, che siano da sole o a gruppi, appaiono come isolate dal resto del mondo, lontane anche dallo spettatore che le osserva con desiderio voyeuristico di intrusione nella loro intimità. Spesso senza titolo e con solo la data di creazione, le fotografie di Hannah Starkey rappresentano la vaghezza della memoria.

Bibliografia: *Hannah Starkey 1997-2017*, Mack Book, London 2018.

Hiroshi Sugimoto

(Tokyo, 1948, vive e lavora a New York)

Dopo i primi studi avvenuti a Tokyo, nel 1974 Hiroshi Sugimoto si diploma all'Art Center College of Design di Los Angeles e lo stesso anno si trasferisce a New York.
Da sempre affascinato dalla costruzione delle immagini, rimane folgorato dalla vista dei modellini di riproduzione degli ambienti preistorici del Museo Americano di Storia Naturale, che nel 1976 lo spingono a realizzare una delle sue serie più famose, i *Dioramas*.
Realizza i suoi scatti con lunghe pose, in analogico, e controllando lui stesso il processo di stampa, convinto che per quanto falso sia il soggetto, in fotografia sembri vero. Sconvolge così la percezione della realtà, affidando alla fotografia la capacità di crearla. Le immagini che realizza, anche grazie al sapiente utilizzo del bianco e nero e alla ricchezza dei dettagli, sembrano istantanee da un mondo passato.
La relazione con il tempo, costante elemento nella sua produzione, diventa la protagonista della serie *Theatres* (1978-1993) in cui riprende sale cinematografiche storiche con un tempo di esposizione lungo quanto il film proiettato, sintetizzando in un solo scatto un tempo e una narrazione definita.

Bibliografia: *Hiroshi Sugimoto. Dioramas*, Damiani, Bologna 2014; *Hiroshi Sugimoto. Seascapes*, Damiani, Bologna 2015; *Hiroshi Sugimoto. Theaters*, Damiani, Bologna 2016.

Paolo Ventura

(Milano, 1968, vive e lavora tra Milano e Anghiari, Arezzo)

Dopo una carriera iniziata nel mondo della moda, dove già evidenzia un particolare interesse per le storie e la messa in scena, Paolo Ventura si dedica dalla metà degli anni novanta alla fotografia artistica, contaminandola con la pittura.
Le immagini create fin dalle prime serie hanno un'aura particolare, sembrano uscite da un'altra epoca in un tempo indefinito. Sicuramente complici di questa atmosfera sono anche gli oggetti che Paolo Ventura decide di utilizzare. Giocattoli, soldatini, oggetti di un tempo andato, vengono inseriti con precisione per creare scene che poi saranno fotografate.
Questo è già visibile nella sua prima serie *War Souvenir* (2006) in cui si respira l'aria di tutte le guerre passate, anche se nello specifico le scene sono ispirate dai racconti della nonna sulle guerre mondiali e dalle fotografie dei parenti, che vengono tradotte in piccoli diorami.
La sua speciale tecnica narrativa gli ha permesso di raggiungere una fama internazionale e di lavorare anche a stretto contatto con il mondo del teatro, realizzando ad esempio le scenografie di *Pagliacci* per il Teatro Regio di Torino nel 2017.

Bibliobgrafia: *Paolo Ventura. War Souvenir*, Contrasto, Roma 2006; *Paolo Ventura. Winter Stories*, Aperture, New York 2009; Walter Guadagnini (a cura), *Paolo Ventura*, Silvana Editoriale, Cinisello Balsamo 2020.

Jeff Wall

(Vancouver, 1946, vive e lavora a Vancouver)

Un controllo preciso della composizione è la cifra stilistica di Jeff Wall, fotografo canadese che è diventato famoso in tutto il mondo per i suoi scatti che hanno dato origine e hanno interpretato nella maniera più articolata il fenomeno della staged photography.
Dopo aver ottenuto un dottorato al Courtauld Institute di Londra, inizia a sperimentare con la fotografia avvicinandosi all'arte concettuale, ma è nella seconda metà degli anni settanta che comincia a produrre quelle immagini di grandi dimensioni che lo avvicinano alla pittura. Nella fotografia *The Destroyed Room* (1978), ad esempio, affronta tematiche come la violenza e l'erotismo, ispirandosi al monumentale dipinto di Eugène Delacroix *La morte di Sardanapalo* (1827). Altri lavori invece esplorano quella che lui definisce la "quasi documentazione", immagini che sembrano fotografie di documentazione, ma che sono sapientemente costruite insieme alle persone che le popolano, come ad esempio *Mimic* (1982).
La protagonista assoluta dei suoi scatti è la composizione delle immagini, studiate così intensamente da creare rimandi alla pittura, al cinema e all'arte concettuale, mantenendo però la specificità del mezzo fotografico.

Bibliografia: Peter Galassi, *Jeff Wall*, MoMA Publications, New York 2007; Thierry De Duve, *Jeff Wall, Complete Edition*, Phaidon, London 2009; Stefano

so frequent for those who live in cosmopolitan cities. Thanks to film-like expedients, the people portrayed, whether alone or in groups, come across as isolated from the rest of the world, distant even from the spectator, who observes them with a voyeuristic desire to penetrate their intimacy.
Often untitled, revealing only the date of their creation, Hannah Starkey's photographs represent the vagueness of memory.

Bibliographic ref.: *Hannah Starkey 1997-2017*, London, Mack Book, 2018.

Hiroshi Sugimoto

(Tokyo, 1948, lives and works in New York)

After his early studies in Tokyo, Hiroshi Sugimoto graduated from the Art Center College of Design in Los Angeles in 1974 and moved to New York that same year.
Always fascinated by the construction of images, he was struck by the sight of the cabinets reproducing prehistoric environments at the American Museum of Natural History, which in 1976 led him to create one of his most famous series, the *Dioramas*.
He creates his shots with long poses, in analogue and controlling the printing process himself, convinced that no matter how false the subject may be, in photography it seems true. He thus upsets the perception of reality, entrusting photography with the ability to create it. The images he creates, thanks also to the skilful use of black and white and the richness of the details, look like snapshots from a past world.
The relationship with time, a constant element in his production, becomes the protagonist of the *Theatres* series (1978–1993) in which he portrays historical cinemas with an exposure time as long as the projected film, synthesising in a single shot a defined time and narration.

Bibliographic ref.: *Hiroshi Sugimoto. Dioramas*, Bologna, Damiani, 2014; *Hiroshi Sugimoto. Seascapes*, Bologna, Damiani, 2015; *Hiroshi Sugimoto.Theaters*, Bologna, Damiani, 2016.

Paolo Ventura

(Milan, 1968, lives and works in Milan and Anghiari, Arezzo)

After a career that began in the fashion world, where he already revealed a particular interest in stories and staging, Paolo Ventura has devoted himself to artistic photography since the mid-1990s, fusing it with painting.
The images created since the earliest series have a special aura: they seem to emerge from another yet undefined era. What are certainly complicit in creating this atmosphere are also the objects that Paolo Ventura chooses to use. Toys, toy soldiers and objects from a bygone epoch are inserted with precision to create scenes that are then photographed.
This is already visible in his first series, *War Souvenirs* (2006), in which one can breathe the air of all past wars, although specifically the scenes are inspired by his grandmother's tales of the world wars and the photographs of relatives, which are translated into small dioramas.
His unusual narrative technique has allowed him to attain international fame and also to work closely with the theatre world, for example creating the sets for the *Pagliacci* staged at the Teatro Regio in Turin in 2017.

Bibliographic ref.: *Paolo Ventura. War Souvenir*, Rome Contrasto, 2006; *Paolo Ventura. Winter Stories*, New York, Aperture, 2009; Walter Guadagnini (ed.), *Paolo Ventura*, Cinisello Balsamo, Silvana Editoriale, 2020.

Jeff Wall

(Vancouver, 1946, lives and works in Vancouver)

A precise control of the composition is the stylistic signature of Jeff Wall, a Canadian photographer who has become famous throughout the world for his shots that have given rise to and interpreted the phenomenon of staged photography in the most varied way.
After graduating from the Courtauld Institute in London, he began to experiment with photography by exploring conceptual art, but it was in the the second half of the 1970s that he began to produce those large images that brought him closer to painting. In his photograph called *The Destroyed Room* (1978), for example, he tackled themes such as violence and eroticism, drawing inspiration from Eugène Delacroix's monumental painting *The Death of Sardanapalus* (1827). Other works, on the other hand, explore what he calls "quasi documentation," images that look like documentary photographs, but which are actually skilfully constructed together with the people who populate them, such as in *Mimic* (1982).
The absolute protagonist of his shots is the composition of the images, studied so intensely as to create references to painting, cinema and conceptual art, while maintaining the specificity of the photographic medium.

Bibliographic ref.: Peter Galassi, *Jeff Wall*, New York, MoMA Publications, 2007; Thierry De Duve, *Jeff Wall: Complete Edition*, London, Phaidon, 2009; Stefano

Graziani (a cura di), *Gestus. Scritti sull'arte e la fotografia*, Quodlibet, Macerata 2019; Russel Ferguson, *Jeff Wall*, Gagosian, New York 2019.

Gillian Wearing

(Birmingham, 1963, vive e lavora a Londra)

Diplomatasi a Londra, Gillian Wearing è un'esponente degli Young British Artists e nel 2017 ha vinto il Turner Prize.
Artista concettuale, è da sempre interessata alla documentazione della vita di tutti i giorni attraverso la fotografia e il video. Consapevole di quanto il mezzo fotografico sia soggettivo e quindi non riesca a restituire la complessità della persona fotografata, decide di intessere relazioni diverse con i suoi soggetti. Ne è un esempio la serie *Signs that say what you want them to say and not Signs that say what someone else wants you to say* (1992-1993) in cui chiede a sconosciuti per strada di scrivere cosa stanno pensando su un cartello e poi li fotografa.
L'analisi delle fantasie, delle confessioni e dei traumi ricade anche su se stessa, come succede nella serie *Spiritual Family,* ispirata dal ritrovamento di alcune fotografie di famiglia nel 2003, in cui Gillian Wearing si trasforma, utilizzando l'espediente della maschera di derivazione greca, nei suoi parenti e nelle figure che hanno ispirato la sua vita.

Bibliografia: Russel Ferguson, *Gillian Wearing*, Phaidon, London 2003.

Miwa Yanagi

(Kobe, 1967, vive e lavora a Kyoto)

Completati gli studi all'Università delle Arti di Kyoto si afferma come fotografa e artista visiva. Il suo lavoro ha come fulcro la riflessione sulla condizione femminile nella società giapponese, tema che affronta in modo poetico e onirico. La sua prima mostra personale si tiene a Kyoto nel 1993, ma l'affermazione internazionale avviene nel 1996 quando viene invitata a realizzare una mostra in Germania alla Kunsthalle di Francoforte.
La sua serie più nota è *Elevator Girls* (1994-1998), nella quale ritrae una serie di donne che lavorano negli ascensori dei grandi magazzini. Le modelle scelte da Miwa Yanagi indossano tutte lo stesso abito, si muovono come manichini e ripetono lo stesso compito in modo standardizzato, mostrando come il ruolo femminile nel mondo del lavoro sia soppresso da una società maschilista.
La riflessione sull'universo femminile continua con *My Grandmothers* (2002), in cui la fotografa chiede a ragazze tra i venti e i trenta anni di immaginarsi tra cinquant'anni e le ritrae trasformandole in quelle proiezioni, spesso liberatorie, e *Fairy Tales* (2005), in cui le protagoniste delle storie sono allo stesso tempo giovani e vecchie e devono gestire queste due identità.

Bibliografia: *Miwa Yanagi*, Tankosha Publishing Co., Kyoto 2009.

Graziani (ed.), *Gestus. Scritti sull'arte e la fotografia*, Macerata, Quodlibet, 2019; Russel Ferguson, *Jeff Wall*, New York, Gagosian, 2019.

Gillian Wearing

(Birmingham, 1963, lives and works in London)

Gillian Wearing graduated in London and is an exponent of Young British Artists. In 2017 she won the Turner Prize.

A conceptual artist, she has always been interested in documenting everyday life through photography and video. Intensely aware of how subjective photography is and how this distorts the complexity of the person photographed, she decided to explore different kinds of relationships with her subjects. An example is the series *Signs that say what you want them to say and not Signs that say what someone else wants you to say* (1992–1993), where she asks strangers on the street to write down what they are thinking on a sign, and then photographs them.

Her analysis of fantasies, confessions and traumas also includes herself, as happens for example in the *Spiritual Family* series, inspired by the discovery of various family photographs in 2003, in which she transforms herself into members of her family and other inspirational figures, by wearing an ancient classical Greek mask.

Bibliographic ref.: Russel Ferguson, *Gillian Wearing*, London, Phaidon, 2003.

Miwa Yanagi

(Kobe, 1967, lives and works in Kyoto)

After completing her studies at the Kyoto University of the Arts, she established herself as a photographer and visual artist. Her work focuses on the condition of women in Japanese society, a theme that she addresses in a poetic and dreamlike way. Her first solo exhibition was held in Kyoto in 1993, but her international success came in 1996 when she was invited to create an exhibition in Germany at the Kunsthalle in Frankfurt.

Her best-known series is *Elevator Girls* (1994–1998), in which she portrays a series of women working in department store elevators. The models chosen by Miwa Yanagi wear the same dress, move like mannequins and repeat the same task in a standardised way, underlining how women's personalities in the workplace are stifled by a male-dominated society.

Her reflection on the female condition continued with *My Grandmothers* (2002), in which the photographer asks girls between 20 and 30 to imagine themselves in fifty years' time and portrays them transformed into those imaginary figures, often in a liberating perspective, and *Fairy Tales* (2005), in which the protagonists of the stories are simultaneously both young and old, and have to try to deal with these two identities.

Bibliographic ref.: *Miwa Yanagi*, Kyoto, Tankosha Publishing Co., 2009.

In copertina / Cover
Bruce Charlesworth
#14 dalla serie / from the series **Trouble**, 1983,
c-print, 40,5 × 40,5 cm
Courtesy dell'artista / the artist

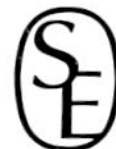

Silvana Editoriale

Direzione editoriale / Direction
Dario Cimorelli

Art Director
Giacomo Merli

Coordinamento editoriale / Editorial Coordinator
Sergio Di Stefano

Redazione / Copy Editor
Micol Fontana, Paola Rossi

Impaginazione / Layout
Denise Castelnovo

Coordinamento di produzione / Production Coordinator
Antonio Micelli

Segreteria di redazione / Editorial Assistant
Giulia Mercanti

Ufficio iconografico / Photo Editor
Alessandra Olivari, Silvia Sala

Ufficio stampa / Press Office
Lidia Masolini, press@silvanaeditoriale.it

Available through ARTBOOK | D.A.P.
155 Sixth Avenue, 2nd Floor, New York, N.Y. 10013
Tel: (212) 627-1999 Fax: (212) 627-9484

Crediti / Credits

© Emily Allchurch, p. 107
© Chan-Hyo Bae. Courtesy MC2 Gallery, Montenegro, p. 98
© James Casebere, pp. 74-75
© Bruce Charlesworth, pp. 52-55
© Eileen Cowin, pp. 48-51
© Thomas Demand, VG Bild-Kunst, Bonn.
Courtesy Sprüth Magers, p. 65
© Bernard Faucon. Courtesy Paci Contemporary Gallery,
Brescia-Porto Cervo, pp. 61-63
© Joan Fontcuberta, pp. 78-79
© Julia Fullerton-Batten, p. 91
© Teun Hocks. Courtesy Paci Contemporary Gallery,
Brescia-Porto Cervo, p. 81
© Alison Jackson, www.alisonjackson.com, pp. 92-93
© Yeondoo Jung. Courtesy the artist and Kukje Gallery,
Hong Kong, p. 103
© David LaChapelle, pp. 88-89
© David Levinthal, pp. 68-73
© Mart - Museo d'arte moderna e contemporanea di Trento
e Rovereto, p. 65
© Hiroyuki Masuyama. Courtesy the artist and Studio
La Città, Verona, pp. 108-109
© Nic Nicosia, pp. 56-59
© Lori Nix. Courtesy Paci Contemporary Gallery,
Brescia-Porto Cervo, pp. 100-101
© Erwin Olaf. Courtesy Paci Contemporary Gallery,
Brescia-Porto Cervo, pp. 82-83
© Luigi Ontani. Courtesy Galleria Lorcan O'Neill,
Roma, pp. 42-43
© Jiang Pengyi. Courtesy the artist and Blindspot Gallery,
pp. 104-105
© Andres Serrano. Courtesy the artist and Nathalie Obadia
Gallery, p. 87
© Cindy Sherman. Courtesy the artist and Metro Pictures,
New York, pp. 40-41
© Laurie Simmons. Courtesy the artist and Salon 94,
New York, pp. 66-67
© Sandy Skoglund. Courtesy Paci Contemporary Gallery,
Brescia-Porto Cervo, pp. 44-47
© Hannah Starkey. Courtesy the artist and Tanya Bonakdar
Gallery, New York / Los Angeles and Maureen Paley,
London, p. 85
© Hiroshi Sugimoto, pp. 76-77
© Paolo Ventura, pp. 94-95
© Jeff Wall. Courtesy Galleria Lorcan O'Neill, Roma,
pp. 36-37
© Gillian Wearing. Courtesy Maureen Paley,
London / Hove, p. 86
© Miwa Yanagi. Courtesy Galería Leyendecker, Tenerife,
p. 97

Silvana Editoriale S.p.A.
via dei Lavoratori, 78
20092 Cinisello Balsamo, Milano
tel. 02 453 951 01
fax 02 453 951 51
www.silvanaeditoriale.it

Le riproduzioni, la stampa e la rilegatura
sono state eseguite in Italia
Reproductions, printing and binding in Italy
Stampato da / Printed by
Modulgrafica Forlivese S.p.A., Forlì
Finito di stampare nel mese di ottobre 2020
Printed October 2020

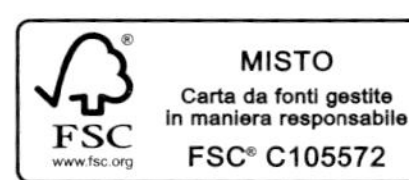